我在戰火中醒來

出走烏克蘭的逃亡日記

Als ich im Krieg erwachte

Tagebuch einer Flucht aus der Urkraine

茱莉亞・索爾斯卡

Julia Solska

托馬斯・施莫勒 (Thomas Schmoll)

黃慧珍◎譯

推薦語

各界推薦

吳照中（Podcast「烏克蘭什麼」創辦人）、房慧真（作家）、林育立（駐德記者）、鍾文音（作家）

「當代史中震撼人心的一頁。」

——出自二〇二二年7月8日，《什列斯威－霍爾斯坦報》（*shz*）

「害怕戰爭的到來一直像懸掛在我們頭上的一把鍘刀。只是，斷頭台的鍘刀吊在那裡好多年。時間久到我們不再抬頭確認，那把鍘刀是否還在原處。久到，我們都習慣了在鍘刀下的生活。」

很令人動容、不捨、心痛的一本書……

這不是本理性論述的書，而是本充滿情感的日記，擺脫專家條理分析，呈現如你我一般平民最直接的反應。書中描繪烏克蘭的景色，將我帶回留學那段時光，是如此鮮明。每回我與在台烏克蘭友人聚會時，這些風景就不斷在我腦海中浮現。同時，烏克蘭人對親情及友情的重視，也讓我印象深刻。但對作者來說，這些美好都在俄羅斯發動戰爭後消失殆盡。同樣面對威脅處境者，都應從本書吸取教訓。

即便平民如你我，像瞭解防空洞位置或急難背包，都是承平時期能提前準備的。如果你對此毫無概念，戰爭初期對作者的衝擊，相信能由本書文字傳遞給大家。

——吳照中（Podcast「烏克蘭什麼」創辦人）

讀者好評

「多麼美麗、人性化、勇敢的書啊！

自從那場戰爭開始以來，我一直在思考生活在不同世界中的感受，這也是我對這本書非常感興趣的原因。但老實說，我也有點懷疑我能否在假期裡忍受讀它。然後我一口氣看完了。索爾斯卡的語言非常優美，簡單、清晰，但同時又極具詩意（……）讓我印象非常深刻，只能將這本書推薦給任何想對戰爭有完全不同的觀點的人們。」

「讀者無法把自己想像成難民，這要歸功於烏克蘭人民的勇氣和西方國家的大力幫助。我相信讀這本書很重要也很有用，不僅是為了解擁有美好生活、充滿前景、計劃和幸福的生活，或突然成為難民是什麼感覺，也是為了更好地了解什麼樣的威脅籠罩著整個歐洲，以及它如何影響每個人，無論他們的政治信仰、社會地位、年齡、種族等為何。如今，熟悉的世界變得非常脆弱，這場戰爭並不像想像的那麼遙遠。從書中了解這個可怕的現實會比從經驗中了解更好。」

目次

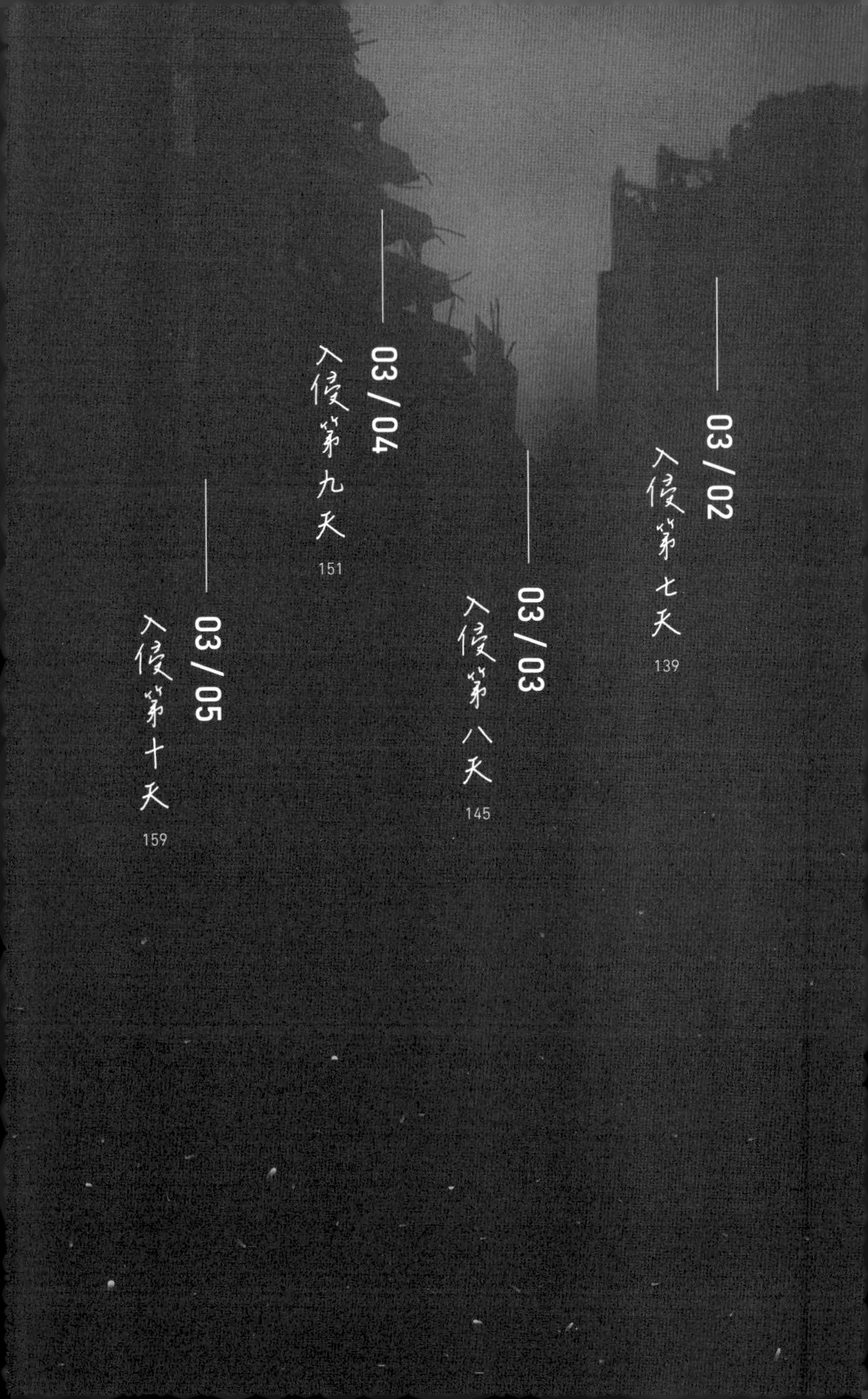

作者中文版序：給台灣讀者

親愛的讀者：

對於我的書能夠走出歐洲，讓歐洲以外的台灣人也能讀到，我既欣喜又深感榮幸。雖然我還沒有機會親訪貴國，但我確信，那裡也和我的故鄉一樣，有許多真誠、堅強的人願意站出來捍衛自己的權利，願意為不公義而戰。我相信，那裡也有許許多多人珍視自由與民主。

台灣與烏克蘭雖然相距八千公里，卻有很多共同點：都是在各自的歷史上選擇了自由和獨立的現代民主政體。也都有勢力強大或有侵略野心的鄰居。但同時，你們也會和我們烏克蘭一樣，受到整個文明世界的支持。

俄羅斯的武力攻擊像是一把達摩克里斯之劍，始終懸在烏克蘭頭上。台灣也要隨時做好因應準備，以避免體驗到「戰爭」這個醜陋的字眼。我猜，在二〇二二年二月二十四日這一天，應該也有許多台灣人在心裡想著：這種事也有可能發生在台灣。我想這應是台灣出於人道目的，向烏克蘭捐款高達三千三百萬美元的原因之一吧！對於一個從來沒有建立正式關係的雙方來說，這是一筆數額很大的捐款。這個舉措勝過千言萬語。為此，謹代表烏克蘭人民感謝你們！

任何國家、任何人都不可能為戰爭做好百分之百的準備。對於在歐洲和亞洲的年輕世代來說，他們很幸運，目前為止只是從電影中見識過戰爭。但實際體驗戰爭完全是另一回事。就連我自己在基輔聽到第一響爆炸聲時，我也不願意接受戰爭已經開打，不願意接受俄羅斯已經進攻整個烏克蘭的事實，更不願意接受，我們烏克蘭人正在經歷的不是恐怖電影或做惡夢而已。至今我還是難以理解，戰爭已經持續一年了，我們的將士和老百姓不斷有人死去，我故鄉的屋舍、醫院和幼兒園遭到轟炸、女性被強暴，還有幾十萬烏克蘭人被俄羅斯人擄走。

我們總說著：放棄不是我們的選項。到現在還是如此。我們烏克蘭人是個有骨氣而勇敢的民族。我們既然選擇了自由，也會為此抗戰到底。曾經有西方軍事家宣稱：俄羅斯打敗烏克蘭只要幾天時間。不斷有人說：「你們活不了了。你們太弱了。你們完了！放棄吧！趁還來得及，逃走就好！」

不可能！

我們當然會擔心。因為我們不知道，今天過後、一個小時之後或下一分鐘會發生什麼事。這種不確定性就像籠罩在我們頭上的一片烏雲。但我們從不畏縮。我們從一開始就展現出絕不向虛而不實又卑劣的敵人屈服的堅定意志。我們會捍衛我們的名譽和尊嚴到最後。畢竟，我們是烏克蘭人！我們不會放棄任何一塊國土！

戰爭開打時，每個烏克蘭人都在思考如何在活下來的同時，還能擊退俄羅斯野蠻人、為國效力。許多男性前往前線參軍或加入後備的國土防衛軍。其他地區的烏克蘭人接納從東部國土逃出的同胞，由婦女為其烹煮膳食，年輕人則負責醫藥補給。軟體工程師自費購買空拍機進行空中偵察。社群媒體上也組建起專門的群組，提供在個別城市的何處可以取得哪些協助的相關資訊。一般人也有從毀壞的屋舍瓦礫中救出動物，再將這些動物安置到安全處所的例子。在國外的烏克蘭人則是組織抗議遊行活動，並提供各種人道援助。

所有這一切都將我們緊緊維繫在一起。烏克蘭人比此前任何時候都還要團結。我們有一位值得信賴的總統。我們深信，良善終將戰勝邪惡。比起剛開戰時，如今的我們有更強大的信心可以擊退俄羅斯。我們為此付出了很高的代價。我們回不到過去了。我們的生活也是。然而，最重要的是，我們從戰爭的地獄中學會去看到生命中的美好。如果將自己限縮在對敵人的仇恨中，就輸了。

我們將重新活在和平的氛圍中，我們要重建家園，並且在獨立自主的烏克蘭土地上再次過上正常、幸福的生活。有句話說「希望最後才會死去。」烏克蘭人的希望永遠不會消逝。我們還會持續為戰後時光寫下人生願望清單。

我也會努力獻出一己之力。我寫下現在讀者手上這本書，為的是讓世界得知，戰爭對於個人的意義。我目前住在德國，教授出逃的烏克蘭人德語，協助這些烏克蘭同胞盡速融入當地生活。我的家人留在烏克蘭。他們不願意離開，我接受也尊重他們的決定。他們都安好。我每天都會想到母親與父親，對他們的擔心如影隨形。

我希望，你們永遠不會經歷我們烏克蘭人此刻正在經受的處境。我為你們祈願，希望永不會有此遭遇，這樣你們就永遠沒必要知道在戰火中醒來的感覺。請保持冷靜與理性、睜開雙眼。要堅強、要勇敢、要團結一致！忠於自己、相信最好的選擇！

我由衷祝願大家一切順利，並且能生活在民主與和平當中！

茱莉亞．索爾斯卡

「如果自由真的有什麼意義，
那就是有權對人們說出他們不想聽的話。」

——喬治．歐威爾（George Orwell）

寫在前面

簡直瘋了！就像這整場醜惡的戰爭一樣，瘋了！

我一直想寫一本關於烏克蘭的書。我想讓大家知道，我的故鄉是個多美麗的國家。我想告訴大家，為何我可以在那裡安居樂業。我原本想寫的應該是一本旅遊指南，介紹大城利沃夫（Lwiw）到克里米亞半島間沿途的觀光名勝和自然美景。或是一本小說，寫的大概是一段在首都基輔[1]上演的愛情故事。我甚至也想過要寫本自傳，談談為什麼我這樣過日子，而不是以其他方式生活。就在剛才，我寫下了第一行字、**我的書**的第一行字！只是這本書既不是旅遊攻略，也不是小說或自傳，而是戰爭期間的日記。我自己都很難相信，生為歐洲人的我，竟然要在二十一世紀初，講述關於戰爭和戰爭有多恐怖的事——而且是必

1 此處原文中「基輔」使用的是德語常見的拼法 Kiew，烏克蘭語中的寫法為 Kyïv。

須講出來！

戰爭！真是個邪惡的字眼！代表了無謂的死亡、無謂的苦難和沒有意義的破壞，也代表逃亡、驅逐、悲劇和精神創傷——反正戰爭代表的都是我們人類不需要的一切、是凡人從來不會想也不該經歷的一切。但是我們都知道，偏偏就是在人料想不到之處，命運的打擊往往來得特別沉重。我很清楚自己在說什麼。因為我親身經歷過在戰火中醒來的那一天。和其他四千一百萬烏克蘭人一樣，我的人生在那短短幾分鐘內有了巨大的變化。

那是我從來沒聽過的聲響，更別說知道這些聲響從何而來了。結果竟然是這些聲響讓在基輔自家住處安睡的我驚醒，還讓我不得不馬上逃出來。幾個沉悶的聲響，接著是一個像是從地底深處發出的奇怪轟隆聲。我馬上就反應過來，地獄就是這個樣子。

那時我正生著病。發高燒，38.5度，所以我又睡下。不過幾分鐘時間，男友就把我叫醒，他說：「起床吧！開打了。」我感到害怕、非常害怕。倒是慶幸男友還在身邊——還有我的貓兒子法蘭。法蘭還是一如往常地窩在沙發上。我是有點羨慕牠那種能力，可以對危險和炸彈轟炸的聲音不管不顧，繼續心平氣和地養精蓄銳，好像今天的世界還和昨天一樣。我起身，就此置身於以新方法計算時間的世界：一九四五年以來，歐洲境內的第一次侵略性戰爭就此展開。我從沒料到俄羅斯會全面進攻烏克蘭。但現在，爆炸的轟隆聲就在那裡，絕不是幻覺，而是一部聲歷其境的恐怖片。

才一天前，一切還和往常一樣。基輔猶然是我熟悉的那個會熱情地歡迎世界到來的大城市。我曾經如此享受在這座城市中的生活，而今只能盼望早日再回到那裡去。其實，害怕戰爭的到來一直像懸掛在我們頭上的一把鍘刀。只是，斷頭台的鍘刀吊在那裡好多年了。時間久到我們不再抬頭確認，那把鍘刀是否還在原處。久到，我們都習慣了在鍘刀下的生活——畢竟人就是容易養成習慣的動物。習慣，這可是一種能讓人面對壓力，撐過所有悲劇和苦難的重要技能。

事實上，戰爭早就開打了。普丁把戰爭像癌症病灶一樣植入烏克蘭，任由這個病灶在烏克蘭內部蔓延增生。普丁派兵佔領克里米亞，並在二〇一四年三月將其併吞。在普丁接受他自己國內的百姓為該次行動歡慶的同時，西方國家紛紛對俄羅斯進行國際制裁。然而，那些毫無作用的制裁手段卻只淪為俄羅斯權力中心克里姆林宮內的笑資。不久後，普丁對烏克蘭東部的頓巴斯地區（Donbass）進行軍事干預，並支持意圖分化烏克蘭、打擊我們作為一國之民的分離主義者。我們都知道，總有一天會打起來。只是我們沒把普丁會打到整個國家這件事當真。或者說：是我們不願意相信。

對我們來說，俄羅斯總是那麼遙遠、無關緊要、可有可無。不同於我們國內的政治人物，我們烏克蘭老百姓太輕忽普丁的手段了——即便他不斷挑起反烏克蘭的情緒，甚至宣傳坐鎮基輔的烏克蘭當局政府都是些毒蟲和納粹份子這類荒謬的說法。諸如此類的操作簡直太可笑了，稍微能用點腦思考的人都不會信以為真。

我首次聽到普丁計畫要攻打烏克蘭是在俄羅斯進軍前一周。空氣中瀰漫著緊張的氣氛。我一度以為，那只是要對總統澤倫斯基施壓的心理戰手法。當時普遍認為，俄羅斯坦克開過一座又一座烏克蘭市鎮的想像畫面太過荒謬——不只我們烏克蘭人這樣想，整個西方文明世界也都如此認為。

然而，普丁在毫不掩飾他殘暴性格的強姦式意淫中宣戰了。在一次與法國總統馬克宏聯袂出席的新聞記者會上，普丁提到烏克蘭時表示：「不管妳喜不喜歡，妳都要順從啊！

我的美人兒！」我在報上讀到，馬克宏當下壓了壓耳機，像是在確認翻譯的正確性。我後來才知道，那段話出自一首俄羅斯歌謠，而且是一段俄羅斯人在酣醉後才會吟出的淫穢小曲。歌詞內容令人作噁。而普丁引用這段歌詞，正好曝露了他的意圖：他在強暴烏克蘭。

我們雖然開始讀取相關資訊，想知道防空洞的位置或是避難包裡面要準備哪些物資。但當時我們還是篤定地認為：什麼都不會發生。畢竟離頓巴斯地區夠遠，所以基輔是安全的。如果有警報響起，那也是烏克蘭東部先。我到最後還是以為，普丁不會進攻到整個烏克蘭。我以為，這場惡夢很快就會過去。我以為，我男友、法蘭和我都可以待在基輔。我以為，最遲到中午就會傳來，一切已經結束、恐怖電影已經拍完了的消息。但是轟隆聲、低沉的爆鳴和如雷的轟炸聲夾帶滿滿的衝擊力道，持續灌進我的腦袋。這些資訊都在告訴我，開打了，而我正身處其中。當我回過神，也接受從此要忘卻過去的一切、曾經經歷過的所有、世界上一切美好的事物。只有當下和這裡才算數。無法想像接下來的日子、甚至是下一個小時，只有正在流逝的這一分鐘才是真的。這是我人生中第一次體驗到，活下來成了最重要的事。我不能盤算明天要怎麼過，也無法安排下午的時間。想這些都沒有意義了，因為我甚至不知道是否還有下午、明天還會不會來，或是還不到那時，我頭上或腳下的世界就會崩塌，然後把我吞噬了。

我的心急速跳動。為我所珍視的一切，我感到非常擔心害怕：我男友、貓兒子法蘭、父母、姊姊、我的朋友、我的家鄉，當然，也擔心我自己。當時讓我自己不陷入恐慌的，反而不是我的理智，而是人類和動物一樣與生俱來的衝動，也就是人稱生存本能的東西。出自生存本能的指令告訴我：冷靜！堅持一下！生活還是要繼續！無論如何！只是，該怎麼繼續下去呢？在我從驚愕中回神、開始整理自己的情緒後，就是這個問號折磨著我。迷霧散去後，我突然意識到，除了我真愛的人們和我自己，還有更多、更重要的事。這關乎整個烏克蘭作為主權國家的存續，還有生活在其中的四千一百萬女性、男性和兒童。我要把我的書獻給這些人。我不想成為本書的主角，即使我的名字出現在封面。所有烏克蘭人都是英雄、都是主角。我們已經向全世界證明了這一點。而未來我們還要背負這個印記幾十年。

現在是時候介紹一下我自己，好讓讀者知道是誰在說話，又是誰在告訴你，在戰爭中醒來是什麼感覺。我是茱莉亞・索斯卡。我熱愛人生、自由、人（好吧，大部分的人）、動物、旅行和黑咖啡。性格樂觀、開朗，有時候也喜歡安靜、喜歡一個人待著。而且，我以身為烏克蘭人自豪。一直如此，並非戰爭開始我才這樣說的。我是一九八九年十二月二十一日在沃澤爾（Worsel）出生的。沃澤爾人口不足七千，與其說是個小城市，不如說是個村鎮。沃澤爾離基輔大約半個小時車程，和霍斯托梅勒（Hostomel）、伊爾平（Irpin），還有鄰近遭災的車諾比核電廠而被劃入「禁區」的普里皮雅特（Prypjat）同屬一個行政轄區，若以德國人的說法，可以稱做「基輔行政區」。

我還小時，我們全家就搬到米海利夫卡─魯別席夫卡村（Mychajliwka-Rubeschiwka），住進曾祖父母在那裡住過的房子。這個村子緊鄰沃澤爾，已有四百年歷史。每當有人問我從哪裡來，我總回說沃澤爾，因為沒有人知道米海利夫卡─魯別席夫卡村這個地方，就算在基輔也幾乎沒人聽過。而沃澤爾則是個常會被冠上鳥不生蛋這幾個字的地方。雖然有點嘲諷意味，卻不一定帶有惡意。但是如果有人跟我說我的故鄉是個鳥不生蛋的地方，我還是會加以反駁就是了。我喜歡沃澤爾的恬適氣息，也慶幸我在那裡長大。對孩子來說，那裡就像一場田園美夢——至少到戰爭爆發前如此。但我也喜歡我們的米海利夫卡—魯別席夫卡小村。

沃澤爾是一九〇五年才興起的城市。在這短短的歷史中，沃澤爾已經兩度遭到外國軍隊的蹂躪。先是二戰期間的納粹德軍在一九四一年九月二十二日攻佔沃澤爾。不久後的一九四三年十一月在蘇聯紅軍的進逼下，德軍潰逃。第二次則是二〇二二年，俄羅斯軍對攻入沃澤爾，在沃澤爾燒、殺、擄掠。令人感到尤其悲哀的是，俄羅斯人先是解放者，卻在八十年後以占領者的身分出現。

母親把我帶到這個世界前幾個星期，柏林圍牆剛倒下。那時候蘇聯還在。一般人熟知的蘇聯解題發生在一九九一年，也就是我出生後兩年。我對蘇聯沒有感情，我的祖國是烏克蘭。母親偶爾會跟我提到蘇聯時代的一些政治宣傳，像共產主義是比世界上其他地方採行的制度更好的體制之類。她告訴我，只要看到幾百人大排長龍排在商店前等著買香腸和牛奶，就知道這種說法與現實情況不相符。可我還是認為，蘇聯體制下的人民自有讓他們感到幸福快樂的活法，至少他們的日子不會太難過。因為他們不知道西方國家的情況。無法與其他國家和他國的人民做比較的人，自然也會覺得自己什麼都不缺。

母親跟我提過一些可以免費取得或是得到補貼的東西，比如醫療物資、住房和就學機會。薪俸很好，人們口袋裡都有很多錢。唯一的問題是：你也不能拿那些錢做什麼，因為沒有東西可買。什麼都缺，糧食也是。這種情況竟然發生在號稱世界穀倉的烏克蘭。我的祖國有著富含腐植質的土壤，在地球上最肥沃的土地排行榜上肯定名列前茅。即便如此，我們還是有糧食不足的問題，原因就在於烏克蘭必須支應龐大蘇聯的糧食物資需求。

當時的生活比現在輕鬆，至少很多人如此認為。因為國家拿走了一切，也安排好所有事情。當時的人無須為了尋求工作機會或辦理身分證件，走進任何政府機關，當然也就沒有抽號碼牌等候這種事。無論是身分證或工作都不用和政府機關打交道就會安排好了。烏克蘭獨立後，整個局面很快發生變化。人們掙脫束縛。現在開始每個人都必須自己打理一切，打造自己的人生，並養活自己和自家人。幸好我們烏克蘭人很快就習慣了。我們也必須如此，因為我們別無選擇。

這讓我非常開心。我喜愛獨立自主、喜歡走自己的路、喜歡自由帶來的各種機會。某種程度上，我在我家是個特殊分子。或許這和我並未真正體驗到蘇聯那段歷史有關。我無論如何都想出國、想到處旅行、想去看看其他國家。我父母和姊姊總是待在家鄉，直至今日，他們不曾離開家鄉旅行過。我就完全做不到。或許就像德國人說的：我就是個「坐不住的人」。

蘇聯解體一年後，我的家庭也破碎了。父親在我三歲時離開了我們。那之後，母親一邊工作一邊進行在職進修，拉拔我和姊姊長大成人。如今已過世的外公外婆就是母親當時的後援。後來我有個善待我的繼父。我們這一家子就住在我們的房子：有我的外婆和外公（兩人都是一九三五年生）、母親（一九六三年生）、我姊姊（一九八一年生）和我（一九八九年生），還有後來加入的我外甥（二〇〇四年生）。幾代人同住一個屋簷下在烏克蘭鄉下並不罕見——雖然難免還是會有摩擦，但我們還是很重視家人和家族凝聚力。

我很小（據我媽的說法是打從我嬰兒時期開始）就充滿好奇心而且精力充沛，什麼都想看看、摸摸，什麼都想研究一番、什麼都想知道。只要是未知的、新的事物都很能吸引我的注意。據說我以前是個滿可愛、安靜、乖巧的小女孩。早在我小時候就不喜歡不公義的事和謊言。

母親很早就教我親近書本。無論是安徒生童話、普希金童話、格林童話或來自世界各地的奇幻故事，每晚睡前她都會讀故事給我聽。其中，我最喜歡的莫過於俄羅斯兒童文學作家尼古拉．諾索夫（Nikolai Nossow）寫當諾和他的朋友在奇妙花城的的冒險之旅故事。那一系列故事激起了我對旅行這件事的想望。在我還小時就立下決心，總有一天我要環遊世界，我要看看世界各地的人都怎麼生活、都做些什麼、他們的作息、關心些什麼事、什麼會讓他們笑或哭、他們的愛恨、夢想。我也想探究他們的國家富裕或貧窮的原因。只是再怎麼說，都要等到我年滿二十歲，我才有第一次出國當觀光客的機會。那次我去了埃及，全包式旅遊行程：非常慵懶、極其放鬆，但不免有點無趣。

我想，我的童年是幸福又無憂無慮的。以前家裡窮，沒辦法旅行度假。外公、外婆和我父母都沒足夠財力來滿足姊姊和我像其他大、小女孩一樣的諸多願望。我們穿的、玩的都是些簡單、樸素的東西，家裡也很少出現巧克力或其他零食。但我並沒錯過任何作為小孩會有的一切：受到家人的關注、關心和愛，擁有很多朋友，還有家門口一大片可以讓我遊玩的空間。

我們在米海利夫卡—魯別席夫卡村的房子四周盡是美麗的自然風光。過一條馬路就是一大片田野，不遠處還有森林和一條溪流。大概在我七或八歲時，我就喜歡很早起床，好在其他人還在夢鄉的時辰，觀看甦醒過來的大自然。每當這時，我會享受屋外院子裡的寧靜，感受越來越強烈的陽光溫暖大地的一切並為它們撒上一層令人心情舒暢的色彩。那時我的頭髮在烏克蘭陽光照耀下應該顯得特別凌亂吧！

直到此刻，回想起我的童年時光時，我才意識到，早在我還是個小女孩時，我身體裡就流淌著詩意和浪漫的血液。

我運用想像力，為我自己和身邊的朋友想出各種遊戲。畢竟當時也還沒有電腦或手機這些東西，所以我不會盯著螢幕看，也才有機會抬頭看看我們村子上方那片一望無際的藍天。不過，我們家還是有一部電視機。我喜歡看卡通和音樂節目。由於我和姊姊差了八歲，有不同的愛好和需求，我們之間經常是大吵小吵不斷。這種情形在手足間肯定很常見，尤其是年齡差距較大的情況下。若要我說，整體而言，我們姊妹倆的性格非常不同，即便到現在還是一樣。即便如此，我們還是相親相愛。

母親平時總是居中調和我們的關係，但真到我們起爭執時，她卻鮮少介入。母親努力給我們最好的。我還記得，每天下午在家門口迎她返家的我有多開心——有時候我會迫不及待地衝到她面前探詢，想知道她下班後是否還順道帶了些特別的東西，比如餅乾或香蕉之類的回來。

外公、外婆、母親和父親教會我尊重、珍視和維護家庭價值與家族傳統，連同祖國、母語和文化。過去我一直很開心地期待復活節或聖誕節這些節日的到來，因為家族中總會有活動慶祝這些節日。那些日子裡，母親會備上幾道傳統烏克蘭料理。家人間互相為對方準備禮物、在一起歡笑、玩各種桌遊或下棋。我就是在充滿和諧、療癒力量和自由的氛圍中長大——並懷抱著遠大的夢想和人生目標。而且我總相信會有美好的未來，到時我便能為我的國家有所貢獻。

經過我上面提到的內容，倘若我說自己不是個被寵壞的孩子，想必讀者您一定會相信。我很早就清楚，我想要的一切必須自己去爭取。遺憾的是，或者說幸好，我是否是個被寵壞的孩子這點，端看從哪個角度看。無論如何，我自小就開始努力成為一個獨立、無須向人求援的人。這並非來自誤判的自負，而是我喜歡以一己之力立足於世，並且把這條道路視為我的人生挑戰。

我的貓兒子法蘭甚至還有姓氏：鳥，所以牠的全名叫法蘭・鳥。因為法蘭喜歡鳥兒，牠也是隻特別的貓，很有主見，而且和人不是那麼親近。某日，我男友從一個熟人那裡把法蘭帶回家來。以前只要法蘭的貓爪所及之處，家具、壁紙或任何物品都會被法蘭抓傷，所以帶回來養之前的法蘭，過著不斷遭到前養主辱罵、恐嚇甚至拳腳相向的生活。應該是過去這些經歷的關係，讓法蘭對人類很沒有信任感。牠住進來後花了好長一段時間，我們才成為朋友。在新冠疫情封城期間（這時就不得不說，疫情的發生未必全是壞事），我們從整天、整個星期到幾個月都被迫待在一起。我們有很多時間好好認識對方。如果我說，牠現在教養很好，絕不是我在吹牛。如今法蘭的表現就像個真正的紳士，牠的爪子只會去扒允許牠抓的物品。我確信，是我男友把牠從痛苦的折磨和夭折的危機中拯救出來的。

現在的我思念法蘭的程度，和想念我男友如出一轍。關於我男友，如今我只能模糊地做個介紹，因為我不知道這場戰爭會對我們之間的關係造成什麼影響。作為情侶，我們兩人剛經歷過一段不容易的時期。雖然因為健康的緣故，他不必站上前線，但是……想到這裡就令我感到心痛，現在我只能希望，命運能對我們好點。

以前我們出遊時，大部分都會帶上法蘭。我才剛在戰爭爆發前四周為貓兒子法蘭開設牠專屬的IG帳號，還在那上面放了好多法蘭超級可愛又有趣的照片。母親常說：「茱莉亞，看妳做的那些事，真的有必要嗎？」是的，我必須那麼做。其中我覺得最逗趣的一張照片，就是法蘭靠在一只木箱邊仰躺著讓陽光照射在牠的肚腹上。照片中的法蘭看起來就像個以漫畫技法畫出來的形象，照片看起來很不真實，實際上貨真價實，絕不是擺拍。其實當時我有點希望法蘭哪天能成為IG上坐擁幾十、幾百萬粉絲的寵物明星網紅，甚至有機會的話可能再拍廣告什麼的。因為牠簡直太可愛了！可是法蘭成名的前景似乎不太樂觀。一方面是粉絲帳號才開設不久，戰爭就爆發了。另一方面則是連續四個星期下來，我們也才只有五名追蹤者。算了吧！人生嘛！總不能盡如人意。

我們烏克蘭人非常喜歡養寵物。許多人家中都養了狗、貓或其他動物。對於這種情況，我也不明所以。其中一個原因或許是因為烏克蘭不像德國一樣養狗要繳狗稅。也有可能只是我們愛心氾濫，想要有個可以照顧的對象。曾經在脫衣舞競賽中多次獲得冠軍（這可不是玩笑話！）的烏克蘭男星艾雷克西・蘇洛弗特賽夫（Alexei Surovtsev），在戰爭爆發後被俄羅斯人攻佔而陷入苦戰的伊爾平市中營救動物而聲名大噪。從一段在網路上流傳的影片中，可以看到他從被炸毀的屋舍中救出飽受驚嚇的成貓和乳貓的畫面。影片中蘇洛弗特賽夫以慈愛的語氣對小動物說道：「哎呀！小可愛，你們在這裡呀！你們活下來了喔！我的寶貝呀！現在你們都安全了喔！」

和世界各地一樣，在烏克蘭我們也把寵物當做人類的好朋友。許多逃難到波蘭或繼續前往其他西方國家的烏克蘭人，出逃時都帶上自家四隻腳的好朋友：大部分是狗和貓。有些人為了帶上自家寵物，甚至乾脆不帶任何手提袋或行李。我還知道有人隨身帶走的是家裡的倉鼠和魚。但是也有成千上萬的人，離開得太匆忙，無暇顧及而沒帶上自家寵物，因此將動物關在公寓或屋舍中，只能寄望戰爭很快結束。想到這裡，我就感到一陣傷心——

慶幸的是，我的貓兒子不用接受這樣的命運。因為我知道，牠在男友媽媽那裡會很安全。

關於我，還有什麼是讀者想要知道的嗎？我熱愛德語。從十二歲開始學這門語言，儘管或許只是個幸運的機緣巧合。在校時，其實我們學生可以從德文和英文這兩種外語間擇一修習——然而，當時的校長私自為一些學童做了決定。因為校長希望，我的德語老師雅妮娜．玻利卡波芙納（Yanina Polikarpovna）可以在執教生涯的最後一年繼續授課後再辦理退休。我必須補充，玻利卡波芙納女士是個值得尊敬又有智慧的老師。不是所有學童都可以上英文課這件事，令許多家長和學生感到非常氣憤，這些人認為：到底還有誰需要德語啊！生活上，英文應該是更流行、更有用處吧！但是當我自己決定選修德文時，我的母親表現得很淡然。她完全支持我的選擇。母親有一個充分的好理由：母親自己也跟玻利卡波芙納老師學過德語，認為玻利卡波芙納女士是位非常好的老師。在我自己實際上課體驗過後，也很快證實這點無誤。我很喜歡上德文課，對我來說輕鬆、不難，而且課堂上的內容很有趣。

因為我有些天份，一年後我就被送到基輔的一所語言專校，所以後來我進入大學讀德國文學系不過是順理成章的事。離開學校後，我在基輔的一家旅遊公司工作。才過幾個月我就覺得真是夠了！我內心的小小探險家再也坐不住了，一心只想衝出去看看這個世界。起初我想到紐西蘭去（當然我也學過英文），主要是為了那裡的大自然和豐富的戶外活動。這個計畫後來因為經濟因素無法成行，不過我依舊夢想能有機會到那裡住上幾年。然後，我開始把瑞典和挪威列入考慮名單——但對我來說還是太貴了。最終我只能向幾個國家遞出互惠生申請。德國有一家人最快回應我。我們經由 Skype 談過後，立刻一拍即合。畢竟我的德語還是比英語好。於是我就想著：為什麼不到德國呢？一年後我返回基輔。之後，一段感情的結束，意味著組建一個屬於自己小家庭的願望同時告終。心情低落的我，再度前往德國。這次我是到波鴻市的魯爾大學（Ruhr-Universität Bochum）繼續研讀日耳曼語文學系。

在德國的日子裡，我想念老家、想念母親、父親和姊姊。就這樣，我又決定回到基輔。當我把這個決定告訴身邊的朋友和認識的人時，他們都很訝異地盯著我看。有個男性友人認為：「你肯定在基輔待幾個月後，又會想回到德國杜塞道夫來。」一個女性朋友對我說：「在德國，妳的機會多的是。離開後，妳可會少掉很多追求者呢！」等等諸多說法。但是，他們都錯了。我認為，機會隨處都有、隨時都在等人。你只要知道自己要什麼，然後對生命中降臨的一切心存感激就好。

我很清楚，我必須回去。因為我心的歸屬就在基輔。我愛基輔這座城市，尤其是歷史悠久的波迪爾老街區（Podil）和素有基輔「蒙馬特」之稱的安德烈斜坡。安德烈斜坡上喝得到烏克蘭最醇美的咖啡、可以享受這座城市的氛圍、享受人生，還可以觀察來往的人：除了許多打扮時髦的女人、穿著簡潔俐落的男人，也有來自社會各階層的尋常老百姓。我喜歡城裡有很多工人散步或騎自行車的公園，我喜歡餐廳裡的美食、喜歡咖啡館中的美味糕點和酒吧裡的各式調酒。在基輔，隨時有新鮮事發生。那是座可以探險的城市，裡面有富有創意、聰明和才華橫溢的人。文化、次文化、幽默、對生活的熱情氛圍都融合其中。周邊又有許多森林和湖泊——無數優美的綠地勝景可供出行遊憩。只是基輔難免也有些大城市會有的陰暗面，人們的社會貧富差距非常大，城裡和周邊同時住著非常富有和極其貧困的人。我希望這種情況在戰爭結束後可以有所改善，期待基輔可以像二〇一四年秋季那場展現親歐立場的獨立廣場運動（Maidan）過後那樣，再度繁榮起來。當時那場運動成功阻止了普丁在基輔建立起傀儡政府的意圖。

我第一次移居德國時，我在杜塞道夫教敘利亞人、伊拉克人、厄利垂亞人和伊索比亞人德語。我知道，這些人都是因為受到恐怖份子的威脅、戰爭或不自由等各種因素逃到德國來的。他們跟我訴說在自己國家遇過的恐怖經歷，但當時我還很難理解他們的命運，不明白為何有人要被迫離開家鄉。我從沒想過，哪天自己也要因為一場戰爭逃命。直到我越過波蘭邊境的二〇二二年三月九日那一天，自己也變成為了躲避外來勢力的暴力威脅而必須到國外尋求庇護的難民。

如今我又來到德國，來到我喜歡的杜塞道夫。這座城市裡有我許多美好的回憶，某種程度上也已成為我的第二故鄉。但是這次我不是來作客的，這讓我情緒很複雜。現在我既不想只是被看作受害者或難民，也不想仰仗德國政府的補助津貼生活。因為我說這個語言，而且我有工作能力。

我慶幸，我安全了。我也感謝德國讓我能在這裡落腳，現在的我比以前更珍惜生命中的許多小事物。而且我希望，在德國的人也能夠珍惜他們所擁有、除了富裕之外的其他有價值的事，諸如：和平、民主和自由。我祈願，在德國的人們一如在這個世界上的所有其他人，都不會有機會在砲彈轟炸聲中醒來，永遠無須逃往遠方。

我知道，說這些話聽來悲情，甚至可能沒什麼特別的：但如果我在這場醜惡的戰爭中學到了什麼，那就是認真體會生活中那些能讓人感到幸福的小事，比如睡到自然醒、喝咖啡、和朋友相聚、散步、親吻母親的臉頰、被人擁抱。我認為，這就好比有人得到癌症這類的重症，經過治療後幸運地活了下來，這才突然意識到什麼是自己覺得重要、真正在乎的事。從此，看著孩子的笑容有了全然不同以往的感受、親切的話語聽來格外柔美、春天裡的第一道陽光也帶來完全不同的溫度。

我做夢都會夢到那些遙不可及的東西，即使實際上，那些東西離我身處的杜塞道夫搭飛機只要兩個小時。我有很多同胞死了，也有許多人永遠無法再回到他們出生的地方，只因那些地方被炸毀而不復存在了。我在基輔、布查（Butscha）和伊爾平這幾個城市最喜歡的場所，以及那些過去我喜歡和朋友散步、聊天、大笑和歡慶的地方都被毀了。離我出生地不遠的小城布查，甚至在我第一次到德國返鄉後還曾經在那裡住過幾個月。但是誰會想到，那樣一個小城有天竟然會成為二十一世紀初發生在歐洲的大屠殺事件的一個標記。從我還是個孩子到青少年時期、甚至長大成人後都還去作客過的幾個鄰居家的屋舍都被洗劫一空，有些房子還被燒掉了。父母家附近的那片森林，我還曾經在林中玩耍過，如今竟布滿了地雷。

我的回憶成了我情感上的地雷區。每當我看到家人、朋友、沃澤爾、米海利夫卡—魯別席夫卡村和基輔的照片，我的心情就會沉鬱下來。看到法蘭的照片時，我又禁不住傻笑起來。任何一點可堪欣慰的痕跡，總是伴隨著苦痛的滋味。那些可都是美好的舊日時光留下的影像記錄啊！我這樣一個剛年過三十的年輕女性，看著自己貓兒子的照片，竟然會想到舊日的美好。這景況簡直就像個年近百歲的祖母級人物沉湎於過去的黃金歲月一般，真是情何以堪！

我不無訝異地確認，我們的鄰國人竟可以如此殘酷、愚蠢，而且還無所謂地順著一個充滿自卑感的瘋子——而且，如果讀者您問我，我會說完全是這樣沒錯。普丁很自卑。如果他是工廠裡生產出來的東西，那他就是個瑕疵品。我自己也察覺到，原本是個和善的人如我，而今也變得兇惡起來，在我的戰旗上寫下「以牙還牙、以眼還眼」這些字句。起初我自己還有些抗拒這種情緒，如今我會放任這些憤意和怒火流洩。我再也不想做好人了。如果俄羅斯人還有良心的話，他們該感受一下我們的苦痛。他們造成成千上萬人死亡，其中不乏烏克蘭兒童。他們就這樣剝奪了那些稚嫩生命的未來。

出書前，原本我打算把日記中所有關於俄羅斯人，特別是寫到俄羅斯軍人的壞話那部分刪掉。但有個我信任的人勸我應該把這部分的文字留下來，好讓這個世界知道，戰爭可以把人變成什麼樣子、人在戰爭裡面會有什麼改變、人會變得有多冷酷無情、會如何武裝自己、又如何讓自己不受到精神上的折磨，還有人性軟弱的速度可以有多快，以及從冷漠轉變成輕視，或甚至仇恨的速度可以有多快。

我不是作家。我只是在我寫了多年的日記中記錄下我生活中的小故事，裡面有喜、有悲，然後讓我的情緒盡情宣洩。有些書頁上，或許還能看到幾滴眼淚留下的小水痕。那些眼淚，過去可能是為情所苦而流，如今是用來哀悼我的祖國。至今我還沒有讓任何人讀過我日記裡面的一字一行，一切都只是我為自己保守的秘密。然而，當我有機會公開我（僅限於戰爭這部分）的紀錄，我沒有絲毫猶豫。

我很感謝，能有機會以這種方式說給世界聽。在我把一些句子從烏克蘭文翻譯成德文的過程中，或是進行補充說明（書中斜體印刷處）時，我已經哭過許多回。讀者必定能理解，逃難中的我無法完整記下每個瞬間的想法和句子，也無法抄錄下每段五分鐘之久的WhatsApp語音留言——對於這些，我不夠冷靜、缺乏耐心也沒那麼多精力。尤其是戰爭剛爆發的那幾天，我常只能記下一些提要或個別句子。

我期盼，因為個人的微小奉獻，能讓世人記住俄羅斯軍隊與其獨裁者所犯下的罪行。這些文字的目的並非成為仇視俄羅斯一切的記錄，而是在述說一個故事，讓人從中感受如我所感並理解——作為四千一百萬的烏克蘭人一員的我，在戰火中醒來是什麼感覺。

02 / 23

入侵前一天

今天醒得頗晚，難怪我到現在還覺得整個人懶洋洋的。看向窗外的第一眼只覺得：真是美好的一天啊！陽光普照，還真有點春天即將到來的氣息。如果此刻能在基輔湖畔看著波光瀲灩的湖面就真的太美好了！為什麼我偏偏要在這時候感冒呢？不過，至少不是染上新冠肺炎。多希望我昨天能去參加克絲胡莎的婚禮，現場氣氛肯定很棒。唉！我需要一點安慰啊！法蘭，你躲到哪裡去啦？像法蘭這樣傲嬌的小動物有時還得讓人三催四請才肯現身。通常是我在討好牠，反過來，牠比較少主動博我歡心。我總認為，公貓都不是為了討好人才來到這個世界上的。

要展開這一天真是不容易。好吧！不急。煮好咖啡後，來上一杯。讓人醒來，咖啡總是有用的。終於，一天可以開始了。

噢！不！還不行。我這一天沒有要做的事。今天不用上班，所以也不用想著工作上的事。光是刷牙這件事就讓我覺得比平時費力。我把所有該上的課和線上課程都往後推延了，就連德國第二公共電視台的訪談約也延期了。

從半年前開始，我就已經是自由工作者了。每天早上來杯咖啡是我固定日常作息的一部分。每天開始工作前從容地喝上一杯咖啡，可以讓我知道，一切都好。就像這天早上一樣，雖然我明明還病著。

我回到床上，這也不錯嘛！或許哪天我終於能做到，不要一大早就入了魔一樣不停地翻看社群媒體的網頁。唉！社群媒體上有好多克絲胡莎婚禮的照片。看起來真是一對佳偶。我去不了，真是太可惜了。這點遺憾讓我更認真地在每張照片上點讚。「新婚快樂！祝你們的婚姻幸福、美滿！」

有幾則關於普丁的新笑話。麗莎寄來一段影片。影片上，普丁說：「我們必須承認盧甘斯克（Luhansk）和頓內次克（Donezk）[1]這兩個國家的獨立。」是呀！是呀！這樣他們才會受到俄羅斯的控制。一個烏克蘭祖母級人物對這段影片表示：「天啊！你是來亂的吧！」

我曾經問過在基輔的朋友麗莎，在普丁支持的分裂主義份子治下，她住在烏克蘭東部

1 譯註：烏克蘭東部兩個行政區。

盧甘斯克州的大城市塞澤羅頓涅茨克（Sjewjerodonezk）的家人，在被俄羅斯佔領的這八年裡過得如何。當時麗莎的反應看起來縱然有點難過，她還是努力保持冷靜。因為俄羅斯承認盧甘斯克和頓內次克這兩個地方為「人民共和國」後，烏俄兩國的緊張關係也隨之升級。這段對話當時被我記錄在日記中，因為對話內容顯示，我們都意識到危機，卻錯估了危險程度。

麗莎表示：「很遺憾，他們布局多年的政治宣傳奏效，而我們就此讓出一部分國人給俄羅斯。確實有些人為『人民共和國』的成立感到開心，連在塞澤羅頓涅茨克的人自己都說出，他們期待『自己人』和『救贖』『到來』這些話。就連我的乾媽也跟著人云亦云。你能想像我有多震驚嗎？當然我們會跟那些人說，請他們不如馬上去俄羅斯好了。我們會說，那些人如今還乾坐在這裡、到處抱怨，有什麼用呢？」

我問：「這樣聽起來，似乎他們就是在等待『救援』，想要活在俄羅斯的統治下？」

麗莎回：「是呀！很遺憾，至今依舊還有這樣的人。雖然少數人的支持當然無法讓俄羅斯有權力要求我們交出我們的領土，但也是因為我們自己一些人的支持，如今這樣的情況正在發生。」

我：「妳現在基輔那裡的情況如何呢？妳會想移居到西方哪個比較安定的地方嗎？」

麗莎：「我想，基輔的情況還可以，而且，這樣的情況應該還可以保持下去。至於要搬到哪裡去，總要有規劃，比如勢必得找份工作，還要徹底改變生活方式。何況我的家人都還在烏克蘭。眼下我是不想去其他地方。不過我想，或許一、兩個月內還是要走，等之後再回來。那妳呢？妳要就此離開這個國家嗎？」

我：「不，我不想。」

我內心隱約有不好的感覺。我覺得，麗莎和她男友想離開基輔。如果是那樣就太令人傷心了，至少對我來說是一種損失。我喜歡麗莎，珍惜這段友誼。俄羅斯不斷威嚇我們，就連我的朋友圈中的人也受到影響了，真是無恥！俄羅斯人不斷干擾我們的生活。即便如此，我不害怕，也不畏戰。我會留下來！

想起麗莎，讓我久久不能釋懷。我必須做點其他事來轉移注意力。或許到戶外散步、呼吸點新鮮空氣可以讓我好點吧！雖然我還發著燒……

我到附近常來的小公園，帶了點母親院子裡種的榛果來餵食松鼠。母親打包太多讓我們帶回來了，根本是我們吃不完的量——再說，法蘭不喜歡榛果。所以最近我不時要到公園來餵松鼠吃榛果。這裡的松鼠一點也不怕（像我這樣的）人，輕輕鬆鬆就從我手中把榛果拖走。而且我還為這些小傢伙提供特別服務呢！我已經把這些榛果的殼敲開，松鼠們可以直接吃裡面的果仁，不用再費力破殼取果仁了。或者，這些松鼠也可以把這些榛果埋在土裡以備不時之需。至少我是這樣想的，雖然我不是松鼠專家。

我多麼喜愛這座公園啊！簡直等不及了！真希望天氣早日變暖，我就又可以到外面慢跑了。尤其是在第一批人出門上班，其他人還在被窩裡的清晨時分，公園裡的氛圍格外優美。這時的公園總是特別寧靜，只聽得到鳥鳴。而小松鼠們，會迅捷地在前來餵食牠們的人四周飛竄。畢竟，我也並非唯一一個會來餵食牠們的人。

寫到這裡，讓我想起最近遇到的那個女人。附近有人為流浪貓造了一座「貓屋」，女人帶了貓糧到那裡去。其實每天都有住在基輔的人帶著貓糧過去，像那個女人帶著一個大袋子一樣。有五隻貓緊跟在女人身後。想來這幾隻貓應該已經認識這個女人，非常清楚女人袋子裡裝的是什麼了。幾隻貓會興奮地摩娑著女人腳邊，期待美味的到來。

散步果然會讓人心情變好。我覺得自己好多了。我不禁又想到麗莎。她預計於四月底在基輔最漂亮的中央戶政事務所結婚登記處辦理結婚登記手續。那個登記處簡直美到有點浮誇的地步了。到時由我攝影記錄，之後婚禮的攝影也是我負責。這麼多婚禮！昨天是克絲胡莎的婚禮，四月麗莎要結婚，然後六月是我之前工作的一對同事。接下來還有誰呢？我昨天剛錯過克絲胡莎的婚禮，接下來的每一場無論如何我都要到！來吧！還能有什麼事！我有充裕的時間可以挑參加婚禮的小禮服。到時我可要漂亮亮地出場！嘿嘿！

影片之夜。我最喜歡的影集《黑錢勝地》（Ozark），我們已經看過每一季。今天該看哪部影片好呢？我提議來看布萊德．彼特（Brad Pitt）主演的電影吧？雖然我可以料到，我男友對此提議的反應不會太熱烈。最後他挑出兩部布萊德．彼特主演的電影，一部是《怒火特攻隊》（Fury），另一部是《同盟鶼鰈》（Allied）。這兩部片剛好都和戰爭有關。在看過預告片後，我們淘汰了《怒火特攻隊》——雖然有布萊德．彼特，但裡面死亡和破壞的畫面對我來說還是太猛烈了。就決定看《同盟鶼鰈》了！這部片雖然時代背景也是戰爭，但畢竟裡面還有一段扣人心弦的愛情故事。整部片從浪漫的鋪陳開始，一切都很美好，最後以悲劇告終。看完後，我覺得這部電影拍得真好，於是對男友說：

「想像一下，如果我們真的遇上戰爭會怎樣？」

男友回道：「誰知道呢？記住，妳剛看的不過是一部電影而已。」

我還記得，那晚我思索著這句話進入夢鄉……

二月二十三日原本只是個極為尋常的日子。毫無特別之處，照理說沒什麼好寫進日記的內容。有些體驗和想法是我之後補寫上的，目的是讓我自己在三十年或五十年後，還能記得俄羅斯入侵的前一天我都做了些什麼，還有我在基輔的公園裡餵食松鼠當下的感受。如今回想起來，才感受到這場惡夢變得更恐怖了：因為直到二月二十三日，我都還過著極為慣常的生活。

麗莎也在基輔經歷了戰爭的爆發。原定的婚禮最後沒有舉行。如今麗莎住在瑞士的蘇黎世，而她男友，和烏克蘭所有其他年輕男性一樣，都不得離開烏克蘭境內。

02 / 24

入侵第一天

從今早開始我就知道：原來只要一句話就可以改變一切，只要一句話就可以徹底顛覆原有的生活、讓人陷入害怕和恐慌之中。「起床！開打了！」這句話深深烙印在我的腦海裡。我永遠不會忘記這個句子，還要字句照搬地講給我的孫輩聽。

時間約莫在清晨五點左右。一陣奇怪的聲響把我吵醒。那個聲響我聽來陌生，我想，我這輩子應該還沒聽過。又來一響不尋常的撞擊聲，聽來粗暴、彷彿是金屬材質，就好像有個巨人在捶打什麼。安東猜想，可能是我們住處附近的金屬零組件加工廠發生事故。但我覺得，剛才聽到的聲音不一樣。「好吧！」他說。

有那麼一秒鐘，我想到了戰爭，但我很快就放棄這個想法，因為對我來說，還是太不真實了。基輔很安全！我打消原本打算起床的念頭。發燒還沒消退。我前一天還做了那麼多事，現在報應來了吧！可是那些松鼠真的需要榛果啊！我委靡不振地想著，還是再睡一下吧！

事後我認為，其實當下我潛意識裡知道那些聲響是怎麼回事，只是想用睡覺這件事逃避現實。那種做法就像在刻意逃避失戀或摯愛的人逝去後的悲傷情緒。這種時候睡覺，是

因為人在精神昏昧不明的狀態下可以忘掉一切，並愚蠢地期待一覺醒來之後所有不好的、令人痛苦的事就此煙消雲散，

而我還真的再度睡著了，雖然帶著忐忑的心情。我為那奇怪的聲響感到不快，覺得那不是屬於這個世界該有的聲音。

幾分鐘之後，安東回到臥室，說出那個句子：「起床！開打了！」

我突然覺得自己像有幾公噸那麼重，從床上起身成了一件無比費力的事。

一陣螺旋式的迴音在我腦中響起：害怕、恐慌、害怕、恐慌……。待這些雜音靜止，我只感到腦袋裡一片空白。我已經不記得，我回過神後的第一個念頭是什麼，只記得：戰爭、我身處戰爭之中。烏克蘭進入戰爭狀態了。

社群媒體上的發文有許多最新現況的版本。在這城市各個角落裡的每個人都聽到爆炸的聲響。發文上流傳著各種猜測。有人說是軍事演習，也有人說是某個親俄地下組織發動了政變。還有人懷疑是俄羅斯進攻烏克蘭。我可以從中挑一個我想相信的版本嗎？不，我不能！

五點三十分。今天不喝咖啡，比較想來杯茶，再加點檸檬汁和蜂蜜。畢竟我還感冒、發著燒呢！基輔很安全！基輔真的安全嗎？基輔會被轟炸。我感到疲累，何況我還病著。我昨天的狀況還不錯，睡了一整晚，至少咳嗽不再像前幾個夜裡那樣折磨我了。按理說，我應該好點了。可是體溫計又量到三十八點五度。令人難以置信的是外面正在發生的事。俄羅斯真的進攻烏克蘭了嗎？真是難以想像。不過幸好：基輔很安全！

我的內心都在抗拒接受事實。不！我不要換穿外出的衣服！穿著睡衣、腳上裹著溫暖舒適的室內襪，我往窗外看去。同一時間，男友則在網路上搜尋，希望能找到更多相關資訊。這個早上看到外面的第一眼印象是：我們這一區的鄰居都醒了。對面那棟樓的鄰居正在把行李箱放上車，一副要盡速逃離基輔的樣子。我感到一陣驚嚇。就在我穿著睡衣喝茶，全身因為發燒或害怕、或者兩個原因都有而發抖時，新的計時方式已經開始了。我依舊拒絕接受現實。我不想承認正在發生的事，於是對男友提出問題，那是許多他無法解答、我自己也不知道答案的問題。「為什麼呀？那些人都在做什麼？他們都發生了什麼事？這麼早他們要去哪裡？他們要開車去哪裡？這一切是什麼意思啊！新聞有什麼最新消息嗎？」——「沒有。」他說道：「只說分別在幾個城市同時發生了好幾起爆炸。不過爆炸地點都在軍事基地。」

我們繼續相信我們的護身咒：基輔很安全。整個烏克蘭沒有戰爭。「普丁肯定只是想嚇嚇我們。我無法想像他會發動大戰和轟炸平民老百姓。」安東說。這些話聽來真是令人安心，這點我男友還是比較在行的。但是不安的情緒仍然在我胃裡翻騰。我答道：「是呀！我真希望是這樣。只是現在的情況還是很奇怪。」

時間靜止下來。現在六點了。從聽到第一響轟炸聲到現在才剛過一個小時。法蘭還在睡著，還真是粗神經。牠到底怎麼做到的啊？真希望我現在是一隻貓，不用害怕，也無須擔憂。

沒有早餐。我們已經沒胃口了。我們坐在沙發上，開始思考萬一戰爭爆發該怎麼辦。我感受到悲傷、生氣和憤怒的複雜情緒——這既不是第一次，也不是最後一次這樣感受。「我們也該離開嗎？」我問。如果機場還正常運作，我們飛去哪裡都好。但是國際機場已經遭到炸彈襲擊。走投無路的感覺讓我陷入恐慌。雖然聽起來有點瘋狂：但是當我意識到自己害怕到驚慌失措，當下我感到更加害怕了。

思考螺旋轉得更快了。到底要留在這裡？還是到我父母那裡去？到底要留在這裡？還是到我父母那裡去？到底要留在這裡？還是到我父母那裡去？到底要留在這裡？還是到我父母那裡去？這幾個問句一直迴盪在我腦海裡，停不下來。我也不知道，鄉下是不是真的比較安全。一旦進入戰爭狀態，還有所謂安全可言嗎？我只是想著，如果家人都能在一起可能比較好。至少家人聚在一起就能給人團結和安全的感覺。

安東接到老闆發來的訊息：「早安！今天我們所有人都在家上班，如果還能上班的話。十一點我們會同烏克蘭境內所有分駐點的同仁進行一次線上會議。屆時將討論接下來如何運作。」他這麼快就做出反應？我還真有點驚訝。已經確定到底發生什麼事了嗎？顯然如此。我猜想，雖然時間還很早，但應該沒有哪個烏克蘭人還在睡覺。

接著，我收到第一封訊息，是麗莎用通訊軟體 Telegram 發過來的，上面寫著：「妳怎麼樣？我們已經出門了，想去找點吃的，還有到自動櫃員機領現金。領錢的人已經大排長龍了（現在才六點二十分！！！）。我媽說最好還是在家裡待著。」我訝異麗莎在這種時候還能寫得那麼有條理。每個句子都表達得很清楚，就好像她已經計畫好了，所以現在可以沉著以對。只是少了她平時慣用的笑臉符號、表情符號和照片貼圖。我回覆她，應該打包行李，到父母家去，只是我也不確定，怎麼做才對。

安東撥電話給她母親了，我猜。我告訴我媽媽，我們今天可能會過去。真是有點錯亂，因為這樣聽來好像我在通知母親，我們下午晚點會過去，讓她有充足的時間可以提前烤好蛋糕。有幾分鐘時間，母親說了些讓我安心的話。我真不知道這些當媽的人體內到底有什麼神奇力量，讓她們可以在最糟的時刻，還有辦法給人加油打氣。我母親就有這個辦法。我們聊了這幾分鐘整個國家都在討論的事情：我們現在怎麼辦？該到哪裡去？這些問題填補了我們集體面對戰爭時所感受到的虛空。光探究這些問題的答案，就讓夠我們忙到忘了譴責和咒罵普丁和他的軍隊。我們只活在此刻和此地。母親說：「到我這裡來吧！」

七點整。我們的總統向所有國民宣告：「俄羅斯進攻烏克蘭。」至此，不再是猜測了。不是威脅恐嚇，也沒有協商談判。一場有坦克車、砲彈和其他各種武器的真實戰爭已經開始了。一般說來，明確的說法可以驅走妖魔鬼怪。這裡卻正好相反。有了明確的說法只是讓一切變得更加詭異。而我，沒有辦法趕走詭異的惡靈。

「我們會進行自我防衛，不主動攻擊，只是保護我們自己。」總統澤倫斯基表示。他看起來態度堅決，毫無畏怯。這樣很好，雖然無法改變烏克蘭已經進入戰爭狀態的事實。

到現在，烏克蘭境內應該有幾百萬手機的螢幕被撥打不通的未接來電通知和簡訊擠爆，而那些不同小異的簡訊內容不外乎：「開打了！」、「我們被轟炸了。」、「我聽到爆炸聲了！」、「看樣子俄羅斯人來了。」、「你們現在做什麼？」

我撥了電話給博丹。他仿效法蘭的做法，戰爭開打時還在酣睡。直到七點半電話鈴響才把博丹從夢鄉喚醒——這通電話是他在烏克蘭中部切爾卡希（Tscherkassy）的母親打來的。現在就連切爾卡希這樣鄉下地方的所有人都知道發生什麼事了。我們是關係很好的朋友，過去常一聊就是幾個小時。但這天早上我們卻無話可說，只是在電話兩端沉默著。於是，這通根本算不上通話的電話很快就掛斷了。

博丹從二〇〇八年開始住在基輔。我們是常往來的好朋友。

我們車子的油箱幾乎是空的。為什麼偏偏要在這種時候啦！如果真要有什麼巧合的事，也應該是能幫我們輕鬆解決問題的巧合啊！但是不巧的巧合就是這麼發生了。總統宣講一結束，我男友就離開住處。他想去加油站加油，以防萬一。成千上萬人也都有同樣的想法。在基輔任何通往加油站的路上早就排起了長長的車陣。後來我才知道，那天前去加油的人之中甚至有人等了五個小時才加到油。而且，汽油和柴油的價格暴漲。

獨自一個人留在我們住的公寓是一件很殘忍的事。我才知道，原來惡夢也可能升級而變得更加可怕。於是，獨自待在住處的時間意味著和我焦慮的情緒獨處。但我也知道，沒有人跟著去，車子是無法自己為自己加油的，所以我還是在住處等待安東回來，希望到時回來的是一部加滿油的車。如果是在平時，車子加滿油沒有什麼重大意義。然而現在，戰爭時期，加滿油的車就代表了活下來和逃離的機會。然後呢？展開一段新的人生？又在哪裡呢？基輔可是我情之所鍾的城市！

警報聲響起。我想，這是今天早上第一聲警報吧！我嚇呆了。我陷入一種所有體內有生命跡象的運作都凍結起來的狀態，我的大腦也是。我這輩子從沒聽過這麼令人抓狂的聲音。警報聲的衝擊直達心窩。唉！警報聲呀！你想跟我說什麼？在我回過神，解除驚嚇過度而呆住的狀態前，我完全無法思考。我該把這瘋狂的鳴警聲理解成該打包並盡速逃離的訊號嗎？或者，根本已經太晚了，下一秒就要有砲彈射過來了嗎？我該怎麼辦？我們該怎麼辦？警報聲響過後好一陣子，新聞上傳來消息，讓我們只要一聽到警報聲就要即刻離開住家，前往附近的防空洞。網路上流傳一張標示各個防空洞的地圖：地鐵站點和特別設置的防空避難處所。不想前往空防設施的人，應該躲到自家屋舍的地下室，不應滯留公寓大樓中。

我身上還穿著無法讓我走去防空洞的睡衣。可是我既沒氣力，也不想換穿其他衣物。我只想假裝一切正常。我該打包行李嗎？但我一點也不想離開呀！至少不是現在，而且也不想在這麼倉促的情況下貿然行動。我的動作像隻蝸牛一樣緩慢，表現得無動於衷。反正法蘭也繼續牠的一無所知，安穩地睡在牠的貓窩上。我感到一陣虛弱，也想躺一下。但我還是跟自己說：噢！不！至少我得換衣服，還要把貓兒子需要的東西收拾一下，以防萬一我們必須離開住處。至少換穿衣物這件事我做到了。運動裝扮。這樣比較符合戰時情境吧！

我並沒有急著打包行李。我想著，還是先等一下看情況。說不定緊急狀態很快就解除了。或者，我醒來才發現只是做了一場惡夢。為什麼要戰爭？都二十一世紀了，為什麼還要有戰爭？一個國家進攻鄰國，派軍隊越過邊境進行殺戮、從城市上方拋擲炸彈、毀人家園、填滿墳場。

幾個小時過去。思考螺旋再度轉動起來：留下來？還是到我父母那裡去？現在則是又冒出新的念頭：或往西移動？這些念頭真是令人抓狂。我傷心欲絕，只有一個人、孤零零一個人。我所愛的公寓住處，如今成了囚牢。我被我那不斷提出同樣問題的思考螺旋困住了。我們住處裡的靜寂如今只令我感到毛骨悚然。安靜的氣氛一點也不符合戰時狀態。只有法蘭還是對一切毫不在乎，逕自一如既往地過著牠的日子。下輩子我還真想做一隻貓。或是公貓也好。這樣有點意思。

我的無力感讓我什麼事也做不了。這種無力感揪著我往下沉淪，也只是讓事情變得更糟。

終於，安東回來了。他放棄了，沒有加到油就回來了。不過至少他平安、四肢健全地回來了。能和他說說話總是好的，這麼一來就可以趕走那股駭人的寂靜。思考螺旋至少也靜下來幾分鐘，才又轉動起來。我們商量著，並且很快意識到，現在精心做什麼規劃都是沒有意義的事，畢竟我們不清楚哪裡安全、哪裡不安全。基輔會遭到轟炸嗎？如果是那樣，除了離開這裡，我們別無選擇。但也可能發生的情況是，我們去的地方剛好受到轟炸，基輔城裡反而安然平靜。那麼，我們到底該怎麼辦？真是令人抓狂！戰爭真的會令人捉狂！

我的手和手機成了相偎無間的好朋友，怎麼也離不開彼此。我不斷查看最新資訊，總希望能看到任何一點令人開心的好消息。卻怎麼也看不到有人說：放輕鬆，只是誤報。相反地，新聞只是不斷傳出令我感到震撼、恐慌和憤怒的壞消息。我們過去只是沒想到，現在發生的事真的會發生。是太天真嗎？或許吧！不過現在可不是探究這個的時候。

我的腦子慢慢鎮定下來，思緒也比較清楚了，就連內心的焦慮我也慢慢能掌控住。我慢慢釐清：生活要起變化了。安東的、我的、所有烏克蘭人的。以前怎樣，現在都不算數了，而且還可能變得完全不重要。昨日就此消逝。能算數的只有此時此地、我們活著的這一分鐘，因為下一秒隨時都可能有炮彈擊中我們住的房子。我已經不知道哪個更糟：對於下一分鐘或下一小時會怎樣，到底是該因為知道而害怕，還是一無所知比較好。

當時我真的已經忘了，在俄羅斯入侵前一天自己都做過些什麼。我忘記自己到過公園、餵過松鼠。忘記我對誰微笑過、忘記和誰說過話。如果有和人交談的話，都說了些什麼、為什麼要和對方說話、說的是開心還是令人難過的事、重要的事或是無關緊要的瑣事。在感到害怕的這幾個小時裡，我腦子裡一片空洞與空白，只感到沉重與悲傷。面對死亡的恐懼對一個人造成的影響真是難以想像。那幾乎是一種瀕死體驗，因為擋也擋不住。死亡的念頭也是，就是無法不想到。只是枯坐在自家公寓內，不知道此刻誰正在向誰開槍，只知道：下一分鐘被射中的可能就是我——而我是如此無助、如此無能為力，除了：懷抱希望。

我想到在德國第二公視工作的史黛菲曾經傳訊息到我的通訊軟體 WhatsApp。前天晚上，她寫道：「親愛的茱莉亞，妳有聽到剛才普丁在一段演講中說的話了嗎？怎麼聽都是不好的感覺。妳沒打算回來德國嗎？」史黛菲想採訪我。她想知道，在基輔的人如何感受、怎樣想，又害怕些什麼，以及，在基輔的人是否認為普丁會發動戰爭。戰爭？在基輔這裡？基輔很安全。我沒有馬上理解她的意思。那時我生著病，腦子裡想的是完全不同的事：我的感冒、和安東的關係陷入僵局，以及工作。當時我回覆她，我有意在三月時到杜塞道夫一個星期。目的是去看幾個朋友，不過我還沒訂機票。她說的到底是普丁的哪段演說？那個人反正隨時都有話要說。史黛菲雖然向我回覆說明了，但我感受得到，她其實有點激動：「那段演說真的、真的很恐怖。好吧！重點是，幸好妳得的不是新冠肺炎。好好睡一覺，並祝早日康復。」

我馬上上網找到那段演說的影片，看過後只覺得非常生氣和激憤。他口中呈現出來的烏克蘭，彷彿會危害全世界一樣。什麼？你這老傢伙是瘋了嗎？即便如此，我也沒把普丁說的那些話全部當真。我以為：史黛菲的反應只是典型德國人做派，總是過於謹慎，凡事誇大處置。不過，我當然還是很樂意跟德國第二公視的人聊聊，好告訴他們：情況沒有那麼嚴重，我們烏克蘭人都很好。

我們曾經約好，過幾天等我身體好了就接受訪問。可惜未能如願，之後幾天，說話這件事對我來說仍然非常困難。

這期間我不斷接到來自烏克蘭各地與德國，許多熟與不熟的朋友發來的訊息。所有人都問同一件事：「妳和妳的家人還好嗎？你們有什麼規劃嗎？」可惡！不！但我還是溫和有禮地進行回覆，並反問對方：「你好嗎？有什麼規劃嗎？」

其實我們還不知道該怎麼辦。只知道：如果我們想開車離開，好歹也要把油加滿。所以安東又出門，希望能找到一個不用排隊等五個小時就能加到油的加油站。這次他辦到了，而且很快就回到我們住處。他還到超市買了點東西。為此我很感謝他。

我隱約覺得，我們兩個像是唯二留在這城市裡的人。整個基輔的人都在想方設法要把車子加滿油、要為接下來幾天採買足夠的糧食、從提款機裡取出現金，然後盡快離開。到處不是長長的人龍就是車陣。高速公路動彈不得，塞車長達幾十公里。顯然有許多人不得不在車上過夜。但是，那樣做安全嗎？

終於做出決定。不知為何，決定後心情反而輕鬆了些：我們決定留在住的公寓，因為天黑了，而且塞在車陣裡也沒意義。何況氣溫還這麼低，睡在車上可不舒服。現在出門有什麼意義呢？明天也還有一天時間。當然，前提是，倘若過了這一夜，我們還能活下來的話。到了明天，我們再來繼續思考該怎麼辦。至少這樣想，還有個「繼續」在句子裡。這時思考螺旋才終於平靜下來。我現在內心很平靜、腦子也很清楚。這才終於意識到，俄羅斯要把整個烏克蘭打包帶走，要奪走我們烏克蘭人享有的自由，這整件事到底有多悲慘。

下午稍晚我才給人在沃澤爾的朋友娜迪雅寫了訊息，她家離我父母家很近。我問她，現在情況如何，以及她對這些可怕的消息有什麼看法。娜迪雅和我一樣沮喪。不然呢？還能有怎樣不同的感受？我給她發了一段第一批被俘的俄羅斯軍人的影片。其中一位被問到他來烏克蘭做什麼，還有俄羅斯軍隊的目標是什麼。影片中被俘的軍人回答，他什麼都不知道。上級的命令就是命令，就要遵守。他只是服從命令殺人。真是個蠢蛋！

娜迪雅其實是個性格開朗樂觀的人。但這天早上她卻顯得悲傷。我知道，她有很多人生規畫和夢想。或更明確地說：她「曾經有過」。她回覆我時，寫到：「才剛要入春。天氣終於要回暖了。我已經期盼溫暖的日子好一陣子了。結果現在呢？！整個國家的人陷入極其悲傷的情緒。我的腦袋和心理層面無論如何都難以接受。我可能要瘋了吧！還是我早就瘋了？不過我們會撐過去的！我們必須、也只能撐過去！我們要在一個和平的國度裡，盡情享受美好的的春日時光。到了夏天，我們還要上喀爾巴阡山脈（die Karpaten）玩……」

我們都感到悲傷，又覺得錯亂。娜迪雅說那些話當然是好意，但我心裡已經沒有空間來思考承平時代的日子。我也不確定，娜迪雅是否真的相信她自己寫下的那些內容。

近晚時分，我還是沒有胃口，只覺口乾舌燥。感冒帶來的不適已經很輕微，雖然病氣還未全消。生過病的人可以輕易忘記生病時的感受嗎？害怕的感覺雖然稍有平復，但我的情緒還是非常激動，而且無法理解，為何法蘭完全不在意發生的所有事。牠緩步輕移地在公寓裡面遊走，不然就是在我裝了必要物資的避難背包旁打盹。面對狗時，貓會感受到威脅，貓會因此做出攻擊的舉動或是逃之夭夭。但牠們不會怕炸彈。什麼嘛！我完全無法理解人類世界的這天晚上，為何我還要絞盡腦汁來思考動物的世界啊！

我盡可能推延上床睡覺的時間。我害怕入睡，更怕黑夜。我們該去地下室或留在公寓嗎？多麼瘋狂的問題啊！平時這個時間點，我們會討論要吃什麼，或是想看哪部影片。現在卻問彼此：該去地下室還是留在公寓？

如今回想起來，這段經歷聽起來還真像某個電視猜謎節目的名稱，像是「地下室或公寓？今日的特別來賓是茱莉亞・索斯卡和她男友」之類的。現在我還能笑談這段經歷。二月二十二日當時想都不敢想。

為防萬一，我們將保暖毯、睡袋、保溫睡墊、毛線帽、圍巾和襪子等物品都先放到地下室去。同時也設想到，萬一發生什麼事，也要把貓兒子一起帶來，所以也準備好法蘭需要的所有用品。畢竟真到那時，我們還真不知道會要在地下室裡面待多久。我們靜默地在公寓裡坐著，等候隨時可能響起的警報聲。警報聲沒響，真是謝天謝地！

我們決定待在住處過夜。法蘭還是沒有察覺異樣，像往常一樣到處遊蕩，並等候牠的晚餐。

麗莎傳來訊息。她和她男友已經離開基輔。他們一早就決定離開這城市，西行出國去。他們在波蘭邊境排隊等候出境時，廣播傳來烏克蘭本國男性不得出境的消息。所以他們暫時留在烏克蘭西部。

安東勸我多少吃點東西。這樣也好。用晚餐，至少帶來一點正常作息的感受。我們煎了美味的牛排，刻意布置了餐桌。我做了一道沙拉。我們還用乾型紅葡萄酒佐餐。不知何故，這一餐的氣氛很美好。我們想著：如果這是我們最後一次晚餐，我們想要好好品味每一刻直到最後。

此間，讓我感到最痛苦的莫過於完全不知道接下來還會發生什麼事。我穿好衣服上床，隨時準備好迅速起床，跳進車裡出發。躺在床上的我察覺到，剛生過病的那種病氣不會消散得那麼快。我覺得不舒服，覺得很焦躁不安，而且——是的，我又感到害怕了。

這是我人生中渡過最漫長的一天。這一天，應該不只有二十四個小時吧！

戰爭開打了。而現在天色已晚。希望我能睡得著。

02 / 25

入侵第二天

我現在知道幽靈時間是什麼意思了，雖然我既沒瘋也不相信什麼妖魔鬼怪。即便一切似乎都靜止下來而且非常寧靜，但人還是能知道，有某種邪惡和威脅的氣息正在到處流竄。在地上、在湖裡、在溪流中、空氣裡。它潛行穿過森林，翻過田野與小徑，滑過水面，在空氣中呼嘯而過。雖然看不見、聞不到、摸不著，卻一直感覺得到它的存在。它就在那裡，散布害怕與恐懼。陰魂不散，令人感到危險。

夜裡，太靜了。靜得讓人害怕。沒有警報聲、沒有爆炸聲響、什麼都沒有。然而，這種寂靜卻和爆炸聲響一樣殘酷。爆炸的聲響至少是人可以理解的。因為人可以意識到爆炸聲，可以加以評估、判斷、得出結論。如果得出的結論是爆炸聲離得遠，代表危險也在遠處。但寂靜卻是一種欺騙、一種可惡的欺瞞手法。否則，寂靜其實是和平的、田園詩般的語言。而現在的寂靜純然只是暗示什麼都沒發生的不實訊息。但是，明明就有事發生了，那就是戰爭，只是，在遠到讓人聽不到的地步。

現在我知道戰爭帶來的感受，這也才第一次體會到祖母講起當年納粹攻入沃澤爾時的心情。

夜晚不過是惡夢的溫和版本。這是一種非常荒謬的情況：為了擺脫和忘掉危險以及所有的驚嚇，而極度渴求自己盡快入睡，幾個小時也好，或至少幾分鐘都好。但同時又為那些危險和嚇人的事感到害怕，只因為人都不想在睡夢中被嚇醒。

敬愛的神啊！請賜予我些許睡眠。午夜都過了許久，神才終於應允了我的請求。我睡了將近四個小時，睡得很不安穩，夢中一直在趕路，好似一夜之間我想變成貓的願望就成真了。約莫在五點半到六點之間，我醒了。我還是一個人、沒有變成貓。我還是茱莉亞，一個住在基輔的女人、三十二歲。**活生生的一個人**。安東也在呼吸著。這一天從兩個好消息開始：他活著、我活著。在戰爭期間，優先事項的順序變換非常快，對於真正重要事項的感受也是。尋常的作息反而是另一件事。在平和時期沒什麼意義，被視為理所當然的事，到了戰爭期間都成了值得慶幸的事。每一次呼吸都是打在魔鬼胸口上的一記重拳。如果魔鬼因此感到疼痛而蜷起身子，我們也在承受同樣的折磨。

我們就這樣平安度過戰爭開打的第一個夜晚，至少四肢健全。我還沒睜開眼睛，那種所有好日子從此告終的害怕就已襲來。而且害怕的不只是我，安東也不好過。我們聊了一下，至少這樣可以趕走寂靜。我們討論著接下來該怎麼辦。「留在基輔？到父母家？往西移動？」的思考螺旋又重新出現，只是這天早晨沒什麼機會讓我深入琢磨。遠處傳來爆炸聲。我們從新聞中得知：離我們不遠處，有一棟九層樓高的公寓大樓起火了。一部被擊落的俄羅斯戰鬥機墜毀，正好擊中大樓。基輔不安全了。我們決定前往沃澤爾接我們的父母親，帶他們一起到更安全的地方去。去哪裡都好，只要是「更好、更安全」的地方都好。

我們只打包了一些東西。食物、毛衣、一人一件褲子、運動服、襪子、貼身衣物、文件、筆記型電腦，而我則多帶了一部相機。說不定會出現奇蹟，讓這場恐怖電影般的過程盡快結束。那麼我有一條褲子和兩件毛衣就夠用了。如果噩夢不只是幻覺，那我帶什麼衣物都沒關係了。真到那時，一切也都無所謂了。

茱莉亞，集中精神！別落了該帶的東西！非常重要的是：手機和充電器別忘了！

我們準備一些三明治作為途中的便餐，因為我們都不知道，現在出發到沃澤爾要多久時間。這段路如果在平時，開車不用四十五分鐘就到了。法蘭被放進牠專屬的提袋。我為牠拍了張在我們基輔住處的最後一張照片。牠審視著我正在打包的小行李箱，一副想要進到箱子裡的樣子。這是我這整個早上唯一笑得出來的時候了。這一天剩下的時間幾乎都在流淚。

我們離開共同的住處，鎖上身後的大門。鑰匙完成它的任務。我就此結束了我人生中的一個階段，在沉默中告別我的住處。我知道，我可能再也沒有機會踏進這裡。為了不哭出來，我緊閉雙眼。我強忍淚水，因為知道，嚎啕大哭無濟於事。決定很明確：離開基輔。因為從昨天開始可以確定：基輔已經不安全了。

我們和鄰居聊了幾句。他們在地下室過夜。鄰居勸我們打消計畫，要我們無論如何都別上高速公路。他們提到基輔周遭發出的爆炸聲，說到沒有人知道俄羅斯又在轟炸什麼。我們猶豫了一下，但很快就把疑慮擺一旁。如果我們重新回到住處，在裡面無止盡的思考該怎麼辦，這樣做毫無意義。倘若我們會在途中被炸死，那就這樣吧！但我絕對不要因為想破頭而死去。

我們上車了。我們的車款是福斯汽車的小鋼炮 Scirocco，車身是深藍色。德國工藝，一如德國人提到德國車時會這樣驕傲地措詞。出發了。除了不消停的害怕情緒、一直感到不安和不斷地發抖外，其實也和往常一樣，就好像我們要到大自然野餐，或是回沃澤爾看望父母。我咬了一口三明治，但那一口就噎在我的喉嚨裡，怎麼也嚥不下去。

「俄羅斯軍艦，去你的！」─在蛇島上的軍官將士是我們烏克蘭這邊為戰而生的第一批英雄。網路上滿載著要乘著黑海的浪潮傳送給莫斯科當局的訊息。而這是他們對俄羅斯軍艦招降訊息的回應。我們的將士不輕言放棄，他們藉此傳達出全國人民的心聲。不會的！我們不會放棄。我們會迎戰，要我們投降想都別想！至於俄羅斯人：你們滾吧！滾回你們來的地方！進地獄去吧！

面對轟炸，我們也沒有低頭。我對自己的勇氣感到驚嘆。我雖然害怕，但同時冷靜又堅定。因為有了可能遇上任何風險、甚至是被炸彈轟到頭的覺悟，反而在內心起了無所畏懼的作用。嚇到動彈不得的狀態就這樣自然而然解除了。

西向高速公路非常壅塞。什麼都走不了、動彈不得，彷彿時間靜止一般。超過三十公里的塞車車陣，代表著無聲的恐慌和包裹在金屬車體內的焦慮情緒。反之，人行道、公園、公園裡的兒童遊樂場則是空無一人的狀態，和塞車的景象形成荒謬的對比。

我們此刻慶幸，昨天留在公寓裡。我們做了正確的決定，那種感覺很好。在這天早上，由於昨晚的正確決定，證明我們沒有發瘋。在世界都瘋狂的時候，保持清醒的理智很重要。

我們終於成功穿過這座城市的市區範圍，比我預期的速度還快。我雖然情緒很緊張，但我還是努力自持、試著保持冷靜。最糟的是我感到口乾舌燥。那種感覺就好像是我們以為開著福斯汽車，實際上是騎著駱駝穿過沙漠。我需要吃、喝些東西，但我不能。因為我知道，我吞不下去。此刻我完全無法吞嚥。

行駛過的每一公里，都代表成功戰勝恐懼。有所行動還是好過什麼都不做地待在公寓裡；路上行車的嘈雜聲也好過基輔住處的寂靜。重要的是，做點什麼，把自己的命運握在手裡，而不是因為害怕就呆坐在自家沙發上直至凝結成動也動不了的鹽柱。縱使有什麼東西砸到頭頂上的危險，至少我還可以想辦法處理它。

通往沃澤爾的這條路，我都不知道開過多少回了。一切是如此熟悉，而今又是這麼不一樣。終究是看這些房舍、樹木和田野的眼光和以往不同了。現在舉目所見盡是悲傷與離別之苦。再見了，基輔！

真希望現在有人把我們擋下來，對我們說：掉頭回去！這裡有槍響！所以呢？那麼我會說：不行！我們不能掉頭了。我們已經告知我們的母親，我們已經在回家的路上了。她們已經備好咖啡和蛋糕等著我們。如果我們無法準時抵達，她們必定會很擔心。這是您想要的嗎？不是，對吧？那就請讓我們過去吧……？

幸運的是，沒有人攔下我們。道路現在很空曠，雙向都有車流。

坦克車，偉大的主啊！坦克車就在城外，微微隱沒在樹林之間。我自問，為何這些坦克車沒有偽裝得更好些。不過，那些軍人一定知道他們在做什麼。我很慶幸，看到的是我們烏克蘭的坦克車。在我看到坦克車上繪製了代表烏克蘭的藍、黃雙色時，心上一塊石頭落了地。看向這些龐然大物般的坦克車讓我毛骨悚然。坐在自家小車裡面的我們此刻就像恐怖電影裡面跑龍套的小臨演。我試著去理解、去意會、去接受我所看到的景象，還有正發生在我們身上的事。太超現實了，不可能是真的！

就在這些坦克車必須為捍衛我們的國家趕赴前線時，我卻只是自顧著要逃往安全的地方去。為此，我感到羞愧難當。我要逃走了，而他們正嚴陣以待俄羅斯人的到來。他們多勇敢——而，相形之下，我竟如此怯懦。到底，感到害怕是怯懦嗎？我不知道。

現在路上又更空蕩了，雙向道路都只有少少幾部車在行進。如果不是已經知道這裡是戰區，一切看來和往常沒有不同。我的思緒像公園裡的松鼠般飛來竄去。而我的腦袋就像張濾網。我又一次想到基輔、想到我住的公寓、想到今早出發時，認為我們做了錯誤決定的鄰居。這是幾百萬烏克蘭人昨天或今天早上都必須面對的問題。只可憐那些身處頓巴斯地區的人。那裡傳出的消息，令人難以承受。

再會了，基輔，我美麗的城市！

這樣的道別就像是承認失敗，而且是因為恐懼而投降。但或許正好相反。因為我們做的事很勇敢。

真是瘋了！就像這場戰爭的一切。半個小時後，我們的車終於停在父母家門前。我們前後耗在交通上的時間竟和平和時期一樣長。然而，意識到這點，只是讓超現實的感受更加強烈而已。

戰事紛亂雜沓，卻仍自有反常邏輯。俄羅斯人從北方的白俄羅斯邊境向基輔進逼。戰事前線就在那裡。現在不是軍人，沒有人會往那裡去。只有安東和我。

安東讓我下車後，繼續開車到他母親那裡去。

見到母親，我很開心。我緊緊擁著母親，感受到她的臉頰貼在我臉頰上的溫度。母親也很開心她的茱莉亞回到身邊，而且毫髮無損。怪的是，她和平時一樣，看不出絲毫的情緒波動，仍然堅定而充滿活力。如果她現在跟我說：「茱莉亞，我馬上就洗好衣服、砍完柴。再等一下我就回來，然後我們一起喝個咖啡。」我也不會覺得奇怪。

瘋了！就像這場戰爭中的一切。從昨天早上開始。我就擔心母親會在戰爭中喪命。而我現在憂慮的竟然是她一點也不擔心。母親似乎一點害怕也沒有，她看起來和往常一樣。我一度幾乎想大力搖醒她，大聲對她說：「媽！打起來了，是戰爭！我們必須離開，而且要快！」

引發我憤怒的其實還有其他事。我姊薇卡和她丈夫還有兩個孩子在一刻鐘前開車離開了。就差那麼一點時間，我們錯過彼此，甚至很有可能，我們兩部車還在高速公路附近的道路上錯身而過。母親向我解釋，不只是因為怕俄羅斯人來，薇卡還為她的寶寶米拉娜擔心，她怕很快就買不到米拉娜要用的嬰兒副食品。他們一家要去文尼察（Winnyzja）投靠她先生家的親戚。我問母親：「她怎麼就不能等我們十分鐘嗎？她明明知道，我們一下子就到了呀！」母親只說，要我體諒薇卡。我努力接受已經發生的事，但還是感到既失望又生氣。薇卡就只有我這唯一的一個妹妹，她卻連等我幾分鐘，跟我打個招呼再出發也做不到。畢竟沒有人知道，我們何時能再相見啊！

> 文尼察的位置正好就在基輔到邊境城市摩爾多瓦（Moldau）的半途上。開打後，我就再也沒見過我姊姊了。目前她和她的家人還在烏克蘭。

半是疑惑、半是責備，我對母親說：「為什麼妳沒和他們一起去？車上明明還有位置啊！」這句話開啟了我原本最想迴避的話題，因為我早知道，這樣的對話會怎麼結束。「你們打算怎麼辦？難道你們要留在這裡，然後等哪時砲彈打中妳家房子，或是等到俄羅斯坦克車壓過來，把一切剷平，拿槍砲掃射所有會動的東西嗎？」母親試圖讓我冷靜下來，讓我覺得不會有什麼不好的事發生。我不敢相信自己的耳朵，當她說：「這裡以前就發生過戰爭，我們也沒有逃走。納粹來時，妳的祖父母也沒逃，而且都活下來了。我們就要留下來。」

我感到失望、憤怒又無力，也因為我知道自己說服不了她。通常母親像剛才這番溫和又堅定地表態時，代表她是不會改變主意的。我真是氣極了！因為現在母親打開收音機，然後開始煎起小肉餅。「午餐。」她說。什麼？拜託！媽媽呀！俄羅斯人就要來了！我簡直要發狂了！幾乎要往牆上撞去、氣到想要啃咬桌子，或是因為絕望而大吼出聲。或者，全部一起來。我只是無力地說：「現在可是戰爭，而妳還在煎小肉餅？妳沒聽到爆炸的聲音嗎？」她是聽到了，只是煎小肉餅此刻對她來說是更重要的事。是人總要吃點什麼——在戰爭期間也不例外。

我確實不斷聽到砲彈轟炸和其他我無法一一辨識出是什麼的聲響。我悲痛欲絕、萬分沮喪。我覺得自己好像一下子就老了五十歲，頹邁、無力。或者，說得清楚一點：脆弱，像個玻璃做成的娃娃一樣。我知道，我說不動母親，也無法說服本就不想離開的繼父。他們兩人都決心留在米海利夫卡—魯別席夫卡村。就在我們三人爭辯不休，而我又快要失去理智時，我突然看到一架機身有紅星圖案的軍用直升機：俄羅斯人！我害怕極了，害怕的程度更甚於昨天獨自一人在基輔住處時。我說：「不！我不要留在這裡！絕不！留在這裡我只會被嚇死！」

在戰爭中，尋死的方式數都數不清。但是，嚇死？這種死法對我來說也太平凡無奇了。我愛我的父母親、我愛我的沃澤爾、我愛米海利夫卡—魯別席夫卡這個小村子、我愛我家的農舍。只是這裡不是我想生活的地方、我也不想死在這裡。

如今我已經能理解我的父母為何當時不想離開。許多年長一輩的人就是不想離開他們的房子。那裡有他們的土地，他們在那裡活了一輩子，不想就這樣把自己的家和農舍輕易讓給那些來打劫的人和敵軍。當然，我想，這也和二次世界大戰的經歷有關。最重要的是：如果命運沒有善待他們，他們寧願死在自家的四面牆裡，也不願在陌生國度的哪個地方苟活。

我再次施展如簧巧舌，試著說服我的父母和我們一起行動。他們還是拒絕了。這代表，是時候告別了。

我撥了電話給安東，請他來接我到他母親那裡去，好順一下之後的計畫。安東的母親一個人和兩隻貓住在一起。就在我們剛抵達安東的母親家時，我們聽到從霍斯托梅勒方向傳來槍聲和炸彈爆炸的聲音。從新聞中得知，俄羅斯人意圖攻下那裡的舊軍用機場，以作為軍備暫存和後勤補給庫房之用。我看到遠處升起漆黑的如雲煙霧。我感到一陣毛骨悚然，努力想在安東和他母親面前掩飾好我的恐懼。

戰爭的炮火已經很近了。我不斷聽到爆炸聲和槍聲。如果有顆砲彈正好落在此刻我所在的這裡，我該怎麼辦。那就到時再決定吧！只要我還活著。我想，這或許是人們說的自我解嘲吧！

每隔五分鐘，我就聽到直升機和戰鬥機的聲音。但這些動靜都不會告訴我，這是烏克蘭軍方或俄羅斯軍方的飛機。我無從得知，飛過的飛機會帶來死亡或是來保護我們的？我想，戰爭中凡事無法確知，是所有恐怖的根源，絕對令人害怕。

街上的孩子已經能夠辨別槍聲出自我軍還是敵軍。對於他們一天之內就能學會這件事，我感到非常佩服。這時安東正在屋外和鄰居聊起當前的情勢。我跟法蘭一起走進屋內。安東的母親和往常一樣親切地迎接我。她煮了點東西，要我多少吃些。她說，這樣身體才會好得快。因為我到今天還在咳嗽。或者說，是我又咳了起來？說真的，我自己也不清楚。而且現在的我對於感冒根本不是那麼在意，畢竟這已經是這幾天來小到不能再小的壞事了。安東的母親煮了羅宋湯。她做的羅宋湯特別美味。只是，現在就是幾口湯我也喝不下去。應付了四、五勺之後，我就放棄了。我想念母親和她煎的肉餅了。真是瘋了！就像這場戰爭中的一切，都瘋了！

我看向法蘭，感到一陣淒楚。快到告別的時候了。只是法蘭還不知道。還是牠根本都知道呢？牠變得有點緊張，而且不像昨天那樣悠靜地趴在地板上。氣氛緊繃。法蘭躲進一個隱蔽的地方。牠現在的反應到底是因為害怕戰爭？還是因為察覺到我就要離開牠了？

安東突然急匆匆地走進屋裡來，說道：「我們要馬上出發了！必須馬上離開這裡！至少要離這裡三十公里，有五十公里遠更好。這裡很危險！」又對他母親說：「媽，快準備好，我們走吧！」只見安東的母親平靜地說：「不，我不離開我的房子、貓，還有這裡的一切……你們都還年輕，你們可以自己決定接下來要怎麼辦，可以自己判斷，怎樣做才對。但是我要留下來。」我們也無法說服安東的母親。安東自己不能，我也沒辦法。安東的母親無論如何就是不願離開沃澤爾。

安東覺得很難過。就在他母親上前擁抱他時，他濕紅了眼眶，但他努力克制不讓淚水滴落下來：「媽，千萬注意安全，照顧好自己。媽媽，我不是輕率地說『別了』，我是鄭重地說『期待再相見』。」

我們從車上卸下一些昨天採買的食物，留給安東的母親，只帶走可以長期保存的食品。然後我們很快上路，要再到我母親和繼父那裡一趟。我想是最後一次，希望能把他們一起帶上。結果當然沒有成功，而且是完全沒機會。真令人心痛，我幾乎要淚流滿面。我試著像安東之前那樣，期許自己能堅強面對。所以父母最後抱我時，我只落下幾滴淚。我忍不住想起，我或許不會再見到他們了。但這個想法現在就揮之不去。我以幾近嚴肅的語氣宣告：「我不說『別了』，我要說『期待再相見』！」

才剛走出家門，我幾乎情緒潰堤到跪倒在地。這其中既有傷心，也有羞愧的情緒。這是參雜了讓他們自己留下來、無力為他們做什麼，又必須接受他們不願一起離開的複雜情緒——這一切都給了我深沉的打擊。那就好像我拿棍棒把一個人的腿打斷了一樣。但是，我又能做什麼呢？我既不能強迫他們上車，和我們一起行動，也不能用迷藥把他們迷暈後，塞進大麻布袋裡帶走。

但我也無法和他們一起留下來。我還年輕，還沒有組建自己的小家庭，生命中還有很多事等這我去做。而且，我還希望，我會有一個和平、安全有保障、美好又幸福的未來。總之，我不能留在沃澤爾。

我們就這樣出發了。兩人都帶著極度悲傷的心情。我們的目的地是基輔南方大約一百公里左右的畢拉澤克瓦（Bila Zerkwa）。這時的我們又變回由俄羅斯製作發行、昨天開始在全球上映的恐怖電影裡面的臨時演員。整路上，我們幾乎沉默不語。兩人都以各自的方式，也只為自己處理各自的傷痛。此刻再與對方討論，讓彼此相信我們做出了正確決定，已經沒有意義了。我哭了又哭，想著我的父母，繼續在自己腦子裡和自己爭辯，到底做對了沒。

我們試圖以最快速度通過戰爭區域。安東雖然也很緊張，仍表現得很勇敢。這段路，他開車開得比以前都還要專注，我想。我看到遠處冒出了一大團煙霧，籠罩也破壞了原本熟悉的景色。

在無止盡的沉默後，我們打開收音機聽輕柔的古典樂。我拿出手機隨手錄了一段影片，即使我不知道為何而拍、為誰而拍、拍的主題又是什麼。作為回憶嗎？但，究竟要回憶什麼？沿途的街道出奇地淨空。大概是想走的人都走了吧！這時我們的車行已經把戰爭拋在後面。天空是澄淨的天藍色，而且我們離沃澤爾越遠天色就越清亮。這裡的景色倒是有點夢幻。一個小時後，我們在一個小市鎮停下來休息。能感受一點正常生活的氣息真的不錯。小販的咖啡喝起來味道還真難喝。不過這在鄉下地方也是正常的吧！

我感到難以言喻的疲憊。我已經有錯覺，以為自己正在進行一趟長途遠征，而且已經歷時數月之久。

接近畢拉澤克瓦時，我才想起，我沒有跟法蘭告別。於是，我又哭了起來。

02 / 26

入侵第三天

戰爭又教會我一些事：即便看起來不真實，但現實就是現實。炮彈擊中房子，人死了、屋子毀了。我現在終於意會到這種戰爭期間的殘酷日常，雖然我無力改變什麼。每天都有砲彈轟炸我腦袋裡的現實。有人犧牲、也有破壞，這些都確實存在，無從抵賴。我聽到轟炸聲、看到巨大的煙霧團塊。在這部恐怖電影裡面，我是幾千萬臨時演員中的一員。只是，這部恐怖片是真實上演，不是虛構的。這部恐怖電影的片名該是《回到蘇維埃式的未來》。導演是普丁。他不會因為導了這部電影而獲得奧斯卡金像獎，但他會得到一個以約瑟夫．史達林之名命名的約瑟夫獎。這個約瑟夫獎是我想出來的，只是為了讓我自己能再度笑出來。

畢竟，這天早上也有個好的開始：我們「繼續」活著，「繼續」成為這個世界的一分子。其實我原本想寫「『還』活著」，而不是「『繼續』活著」，但是下筆的最後一刻，我注意到用「還」這個字可能有點自我實現式預言的意味。我決定，無論接下來會發生什麼事，我要留著這條命。

今天是星期日。俄羅斯攻入烏克蘭第三天。我活著。在戰爭期間，能在隔天清晨睜開雙眼，去看、去感受自己並未死去，這是一種很棒的體驗。人會因此覺得自己很有活力。這種感覺像是會令人上癮一樣，再多也覺得不夠。我的求生意志就是如此強大。

我想，我的這一天就像其他幾千幾百萬烏克蘭人一樣展開，無論他們在何處醒來：在自己家裡、在防空避難所或在汽車裡。第一眼看到手機，螢幕上顯示的是上萬條 WhatsApps 訊息，這些訊息都以兩個問句提出意思相同的問題：「你好嗎？」或是「你們好嗎？」我也同樣以這兩個問句在烏克蘭境內發送了幾萬條訊息。至於收到的回覆都寫些什麼就不重要了。重要的是，還能收到回應、什麼都好。

問人好不好這個問題，就是在戰爭期間也不過是虛應的話、是達到目的的手段。這麼問的目的在於想知道對方是否還活著。如果還活在，現在在哪裡。

身體狀況最重要，因為藉此可以確定一個人還活著。至於心理方面的問題，大可之後再來關心。

伸手拿手機成了一種在戰爭期間養成的不自覺動作。我的右手隨時都呈園藝耙子一樣的姿勢。因為醒著的時候，我總是機不離手，以至於我的手差點抽筋了。如果手機防水，我大概連洗澡都會帶著。如果閉著眼睛也能讀手機上的訊息，我大概睡覺時也會把手機握在手裡，像睡著還握著奶嘴不放的小嬰兒一樣，只為了感受媽媽還在身邊。我的手機就如我的奶嘴，把我與母親連繫在一起，也把我與對烏克蘭和我懷抱善意的世界各地聯繫起來。

我的手機是我最好的朋友。他會告訴我，父母都好、家內無事。對我悲傷的心情來說，這很重要。傷心難過會有量表嗎？是從一到十分級的嗎？是的話，那我今天應該在六級，也就是說，我越來越接近中間的級數了。這代表我有進步了。明天我可以晉到第五級。這樣的話，我就要問母親，那些煎肉餅是否好吃。對了，飲食很重要。今天我們也要試著吃點早餐。

過去我們在畢拉澤克瓦有過美好的回憶，或許這也是我們決定把這座城市當作我們逃亡路線上其中一個中繼站的原因。我們曾在城裡的歐雷克桑德利亞植物園至少散步和野餐了三次。我非常希望，這座美麗的公園能夠免於戰爭的摧殘。我喜歡這座植物園裡毫不吝嗇的綠意，喜歡裡面的老橡樹、幾座小小的休憩涼亭、閒適的廣場和優美的廊柱。

我們在訂房網站 booking.com 上預訂的公寓有三部電視機，但是不提供咖啡。我只好喝安神綠茶。之前打包時，我想都沒想安神綠茶能做什麼，就把它裝進緊急避難背包裡，就好像安神茶本就是躲在防空洞時或是逃離戰區裝備的一部分。昨天我的情緒幾度受到刺激。想到母親和她做的煎肉餅，又一度讓我情緒激動。可惜昨天我還沒想到有隨身帶了這款茶，不然或許我就能泡杯茶，邊喝邊等著安神茶發揮作用，然後從容地從手機螢幕上看著父母親在等候俄羅斯人來的同時享用煎肉餅。

我們吃早餐。餐桌上有安神茶、安神麵包、安神奶油和安神肉腸……而這一切都用蘇聯時代的老舊餐具盛裝。一股奇怪的情緒湧上心頭。為何至今還有人這樣生活？為什麼會有人認為，在博物館裡人還能感到安心自在？不只是杯盤讓人覺得過時，每個房間裡布滿灰塵的巨大衣櫃，還有陳舊又俗氣的扶手沙發——都令人一陣噁心。這種時候就算有安神茶也無濟於事。

我覺得自己彷彿進到時光機器裡，回到五十年前的蘇聯。一個國家要能製造出這樣的餐具和這些家具，是注定要滅亡的。光是為了好品味，這樣的國家就不該再度崛起。

真是瘋了！這場戰爭中的一切是如此真實！兩個房間和廚房裡面都有電視機。我們在基輔的住處完全沒有電視，我不看電視已經好幾年了。但現在命運卻認為，每個人有部自己的電視機是好事，甚至還覺得，來作客的人有辦法坐在廚房的電視機前。或許這座公寓是為無話可說，而且沒有共識該看哪個電視台的夫婦或情侶設想才如此布置的吧！就像住在我們樓上的人不斷爭吵，好像戰爭還不夠令人心煩一樣。他們吵了又吵，男的大聲咆嘯，女的也提高音量。來人啊！都停了吧！外面的轟炸聲還不夠嗎？不，他們沒停。他們不讓人安寧。

我們報了警。警察很快就到了。我雖然覺得這樣很好，卻也覺得有點荒謬。因為事情的發展如此正常、如此日常、如此平凡無奇。很快就安靜下來了。或許是警察說服這對夫婦，讓他們要吵等戰事過後、重歸和平再吵。或是向他們推薦了一個讓兩人都合意的電視節目。

為了不錯過任何新聞，我們同時打開兩部電視機。但是沒用，因為所有電視台報導的都是同一場戰爭。

這公寓裡面充滿上個世紀的氛圍，讓我感到噁心。不過普丁應該會喜歡這裡，因為在這裡他可以盡情沉醉在他的蘇聯夢裡。拿這公寓來解嘲，果然有些讓心情輕鬆下來的效果。但我很快又感到傷心，而且是非常傷心難過。因為我意識到，我身處一個陌生的城市，不認識任何人，只是在消磨我原本寶貴的生命。

我們大可去植物園走走，假裝一切正常。但是不行。現在是宵禁時間。

噢！錯了！我才剛注意到，是可以的。宵禁要從今天下午五點才開始。但同時，我又高興現在的時間已經接近下午五點了，我沒有機會到歐雷克桑德利亞植物園了。所以我不用去散步了。現在的我可不想假裝我們還是一對在散步中享受人生的戀人。我們在逃亡的路上，死亡緊緊跟在我們身後。

在幾個小時的寧靜後，以我不清楚的原因，我又突然感到有些害怕。在畢拉澤克瓦的一切都很安靜，咖啡館和商店都開著。陽光灑了下來，鳥兒正在練唱早春的第一場小型演唱會。或許這就是無知的感覺，不知道明天會發生什麼事，又會把我們帶往何方。

到植物園散步的念頭是確定要打消了。寧願做些在戰爭時期更重要的事，比如加油、設法取得現金、採買食物、到藥局一趟。加油站前等待加油的車陣依然很長，而且每輛車僅限加二十公升的汽油。之後我們還打算開一段長路，不想冒著因為汽油用盡，在半路上動彈不得的風險。

安東正在洗澡，幸好淋浴設備不是蘇聯製造。浴後他想和幾個朋友通電話，預計要講上一段時間。我坐在老氣的厚墊沙發上，喝著沒有作用的安神茶，看著那座醜陋大怪物般的衣櫃。一時竟覺得，那衣櫃就像我的靈魂一樣沉重。

我現在想通了，知道我感到傷心難過的源頭在哪裡了。原來是那股輕拂這座小城的平和氣息，以及讓我平靜下來，以致於有太多時間去東想西想的日常步調。想到這裡，幾滴眼淚滑過臉頰，因為這意味著，我正開始告別我習慣的日常生活。

我本想著星期二去參加朋友的婚禮，不過我因病留守家中。上周六是高中同學會。大家能再重聚，一起回憶過往，真好！期間我們還約定，三月底再辦一個小團體聚會：這次只有女生參加。再幾天前，男友向我求婚了，還給了我一枚漂亮的戒指。這件事讓我頗感驚訝，因為這陣子我們的關係並不是很好。戰爭又讓家人離散。一枚戒指真的能維繫什麼嗎?但是安東表示,我無論如何都該收下這枚戒指,就把這枚戒指看做他對我們在一起這幾年美好時光的感謝——也算是他給我的紀念。上周日,我坐在基輔一間氣氛很好的咖啡館裡,和一個朋友聊著藝術、音樂、時尚和一次拍照行程。我想,我要把拍照這個詞放進索引頁面裡。

這是我剛才寫的嗎?已經到了我必須向我自己確認我是誰、什麼讓我變成現在的我、我又失去了什麼的時候了嗎?顯然如此。現在,在戰爭中,我身處一個陳設醜陋的公寓裡,遠離所有歡樂、遠離我原有的生活。不管怎樣:我活著。這已經是一種安慰了。

02 / 27

入侵第四天

人們說睡到飽這件事，如今是想都不敢想。內心的不安變成了無情地揮動著鞭子的憤怒女神。鞭子打到我的腳尖、肚臍、頭蓋骨，把我趕下床來。現在還很早。匆匆瞥向窗外的第一個印象：畢拉澤克瓦還在。外面一片昏暗又很安靜。

人要如何感受到戰爭呢？從噪音——還有那片靜寂。這兩者形成一種奇怪的組合，像生與死一樣各據一方。它們是一個勇氣勳章的正反兩面。因為噪音和寂靜同樣令人難以忍受。它們令人心痛。它們也製造出不同的恐懼。噪音代表危險。寂靜代表隨時都可能馬上傳來很大的聲響。

有時我想放聲大喊，為了不想失去理智，為了發洩怒火，為了趕走寂靜。

在戰時，沉默是一種特別令人厭惡的寂靜。這幾天我們話說得少，因為沒什麼好說的，也沒什麼好安排的，既不用討論晚餐吃什麼，也不用討論誰要出門買東西，更不用計較到底誰要拿垃圾去丟。這場瘋狂戰爭中的另一個瘋狂之處就是，我竟然會想念起洗碗這件事，希望能看到垃圾桶。一切如常該有多好，過著尋常日子該有多棒：上班工作、在咖啡館裡閒扯淡、問候鄰居好不好、看著法蘭悠閒地打發時間、晚上看一部喜愛的影片。

但現在呢？一切都顯得沒有意義，因為原本擁有的一切都會化為烏有，而且是比遙遠星系（希望那裡沒有戰爭）裡面的黑洞還要大的巨大空無。殘留給我的：幾乎什麼都沒有。我的人生可以裝進一個緊急避難背包。但是——遠比一無所有更重要的是——我活著！因為活著，可以想辦法隨遇而安，靜下來的時候想一些和單純活下來毫不相干的事情。比如思考那個很蠢的名詞「緊急避難背包」。照理說，只要不是把房子蓋在埃特納火山上，二十一世紀的歐洲根本就用不上這個名詞了。話說，埃特納火山在義大利西西里島上——有一天我想去那裡看看。

但如今，就算想去看世界各地的美景，想去那些我還沒去過的或遠或近的國家，都不容易了。我在基輔體會到原來活著可以那麼輕鬆自在，而今那份活著的輕鬆自在不見了。想到沒有把我父母裝進麻布袋裡面帶走，讓我感到良心不安，像在肩膀上扛了無比重擔一樣。如果我父母和安東的母親此刻都在這裡，那麼我們還可以在俄羅斯人用巨大的砲彈炸毀畢拉澤克瓦前，趕快參觀一下這座小城。

媽媽呀！希望您安好。希望爸爸也是。這很重要，不僅給了我撐過戰爭的力量，還讓我有足夠氣力，忍受在這見鬼的公寓裡面被迫吸入那些蘇聯時期遺留下來的陳腐氣息。我現在的傷心指數是第五級。維持穩定。我覺得自己很勇敢，像我軍成功攔截進擊基輔的俄羅斯人一樣勇敢。烏克蘭將士讓我有所期盼，也讓我感到驕傲。我的祖國、烏克蘭萬歲！我無法理解為何愛國主義在西方世界的某些群體間風評不好。我樂意當個烏克蘭人，也為自己是烏克蘭人感到驕傲，而且此刻這種感受更甚於以往任何時候。

在俄羅斯人進城前、世界末日或其他什麼大災難到來前，我們的房東太太急著大賺一票。她要我們盡快告知是否續住第三晚，不然就要把公寓另租他人了。倘若我們不留，就要在十一點前結束參觀她的「蘇聯時期舊物博物館」。如今最後通牒果真成了戰時生活的一部分。我們保證會及時告知我們的決定。雖然我早知道：離開這裡，別無選擇！住在這些史達林式的家具中，多一天也令我難以忍受。再說，這裡的住宿費太昂貴了。這女人真該將她這滿是霉味的小窩租給普丁看看！唉！就讓一切塵歸塵、土歸土吧！

我的雙眼不停來回查看。視線駐留的幾個點分別是：電視機和手機。然後又是：手機和電視機。在視線重新回到電視機和手機的查看順序前。這場戰爭讓我破功了：在我努力克制幾年之後，這場戰爭成功讓我在一夕之間變成看電視成癮的人。公寓裡的三部電視機總有一部呈現播放的狀態。電視裡播報的新聞稱：俄軍對基輔的攻擊進展緩慢，不過仍持續進逼。我們必須盡快離開畢拉澤克瓦，因為就當前情勢看來，俄羅斯人也會從南邊打過來。

我看著安東擔憂，看著、看著，看得我的心都要碎了。因為我知道他的感受，知道他為了無法待在自己母親身邊而感到傷心難過。我們剛抵達畢拉澤克瓦時，安東就對他母親承諾，把我安頓到安全的地方後，就馬上回到她身邊去。安東是個愛媽媽的好兒子。有一次，我提到我想念法蘭，希望牠安好時，安東只回了：「我媽現在比妳的貓兒子重要！」他嚴厲的語氣著實嚇了我一跳。不過我理解他。我當然理解他，因為我自己也擔心我父母的安危。烏克蘭境內的每個人都在憂心自己摯愛的親人的安危。

我向安東保證，但同時可能也是對我自己確認，我們的父母既然做了那樣的決定，我們雖然會傷心難過，也得要接受他們的決定。但是那份傷痛之情，猶如在肩上扛了幾噸重鉛塊的重擔，絲毫沒有消散。眼前，兩人成了命運共同體，而且現在維繫彼此的竟然是悲痛的情緒多過愛，意識到這點真的很沉重。至少在陰鬱的情緒縈繞心頭的這幾天，在我看來是如此。

天上的神啊！又是那個人。臉書人傳來一則訊息，傳來訊息的是一個目前人在德國，跟我學德文的拉脫維亞人。他總是特別親切、表現得特別善解人意，一點也沒意識到自己已經越界、讓我感到不舒服了。他提出很多問題，問我是否安好、會不會害怕、是不是覺得自己安全、問我難道不想到更安全的地方去嗎？（雖然那是我接下來想做的事。）又問到，是否有他能幫得上忙的地方。他甚至提到，他願意開車到波蘭邊境接我。

我並不是說，他不該問我這些問題。但他的那些探詢只是徒增我的緊張情緒而已。就好像他安坐家中沙發上，搖身一變成為戰爭期間可能發生的所有事情的專家。無論是軍事上的或是人道救援相關的事務，他無所不知，一副他老早就是我們政府高級資政的樣子。他不斷向我說明一切有多危險，告訴我，雖然昨晚的情勢已經很危險了，但是今天上午比昨晚還不安全。拜託！到底置身這場該死的戰爭中的人是我還是他？！到底是怎樣？他是什麼意思！他是在擔心我，還是在競逐世界上最有同理心的人的頭銜？他絲毫沒有住嘴的意思，繼續傳來訊息：「妳為什麼還不動起來？」、「還有什麼好想的！逃出烏克蘭！」他預測，迎戰俄軍的烏克蘭軍隊「最多還能撐兩天」。而且就算撐過兩天，「烏克蘭這個國家也無法存續」。全是一派胡言！烏克蘭人絕對不會放棄，我們的國家也不會倒下，我們會抗戰到勝利！

他發來訊息的頻率越來越快，訊息中的內容也一次比一次更緊迫、更不客氣。喔！好吧！我也是非常感謝啦！只是，這類訊息既不會讓人覺得受到支持，也感受不到鼓勵。我當然會感到害怕。除此之外還能有什麼感受？我當然知道會有危險。不然還能有什麼？但我有權利自己決定何時、如何、為何、去哪裡，甚至決定自己到底要不要離開。

只不過我自己也很訝異，原來自己一直在考慮，在沒有安東的情況下繼續前行。戰爭很殘忍，原本需要時間釐清的事情，戰爭一下子就把時間抽走了。嚮往到更安全的地方，希望那裡比現在身處的史達林時代風格的公寓還要有更多歡樂和希望，一個年輕女性這樣想是苛求嗎？我不斷思索這個問題，只要我當下不是為我在這世界上所愛的和奉為神聖的一切感到憂心而陷入恐慌或哭泣。沒有親身經歷過的人就無從得知，要在內心掙扎著做出正確的決定有多困難。畢竟此刻正確的決定，可能幾個小時後就變成錯誤的決定了。沒有體會過的人不會知道，因為決定了自己往後的人生路，而拋下父母是什麼感覺。沒有經歷過的人不會知道，在內心和朋友道別、離開朋友，而且知道或許從此不會再相見是何感受。

我咒罵那些無濟於事，只是製造壓力的建議和想提供協助的提議。想到這裡，我生氣地把手機丟向史達林時代風格的長沙發上。這真是一個令人沮喪的早晨。悲傷的情緒佔據每個毛細孔，從外洗不掉、從體內也排不出。沒有一件順心事。咳嗽繼續折磨著我。我不得已留下很多東西在基輔，偏偏是咳嗽像條忠誠的狗般一路相隨。咳嗽的病氣還在我體內深處，格外折磨我。我又喝了一杯名不符實的安神茶。或許這款茶只有在承平時代才能起作用吧！

對了！我突然想到一件事。我記得，姊夫有個很好的朋友，住在離畢拉澤克瓦不遠的地方。我馬上撥了電話問姊姊。她告訴我：「對。是斯拉維克。他住得很近。我會問問他能否讓你們留宿幾天。」我開心地說：「太好了！真是謝謝了！」五分鐘後一則 WhatsApp

的訊息出現在我手機上，結論是：我們可以過去了。斯拉維克等著我們過去。對於這份同舟共濟之情，我感到如釋重負又欣慰。這代表了希望。我要離開這裡，離開這座史達林風格的公寓。

我們運氣不好。外出管制從昨天下午五點開始，要持續到星期一早上八點才結束，並且期間禁止外出到街上走動。我們的房東太太保證，這項規定在畢拉澤克瓦不適用。我們不知道，她說的到底是真話，或只是想盡快趕我們走。無論如何，我們決定冒險出發了。

我們從斯拉維克那裡得知，他家的地址不會顯示在谷哥地圖上。幸好他住的村子離畢拉澤克瓦只要十五到二十分鐘車程，很好找。斯拉維克告訴我們：出了市區，在第二個管制站後往右走，然後我們就會到了。聽起來是很簡單。但我突然意識到，人們接受新現實的速度有多快：管制站，這是幾個星期前聞所未聞的新名詞，現在已經成為說明路線的指標了。

耶！我們終於又坐回車上了。出發！往……咦？那個村子叫什麼呀？安東以為，我記住村子名稱了。而我也以為，安東應該記得那個村子叫什麼。結果我們兩人都想錯了。壓力在我們的腦袋上撕出第一道裂縫。我們都忘了要去的村子叫什麼。

我們現在上路了，要在不知道村子叫什麼的情況下前往。之前斯拉維克的說明很清楚。我們經過第一個管制站，然後在國土防衛軍的第二個管制站出示我們的護照就可以通行了。不久後安東就確定我們已經走得太遠了，應該在稍早就該向右彎。我沒概念。接著我們掉頭回去，又經過管制站。這時才發現，要進入市區的身分查核比反向離開市區的查核更為嚴格。我們不是俄羅斯間諜，沒什麼好隱瞞的。即便如此，管制站還是滿嚇人的。那是一種氣氛詭異的場面。我就是無法習慣被幾個提著機關槍的大男人攔下來。再者，人坐在車子裡面，不能往前行駛，特別令人感到害怕。我一直怕隨時有砲彈打中我們的車頂，一炸就把我們炸飛上天了。

這裡有些不對勁。我們剛才應該是走對路了。現在又折返回來，回到管制站點。此刻他們應該是在想：這兩個人有問題，然後要拆解我們的車。我們也怕惹上麻煩。但管制站的人員只是親切地笑了笑，揮手示意我們開過去。好吧！提著機關槍、臉帶微笑的男人可不是每天都能看到的。這時候，我們也不知道是該笑還是該哭了。但最終，笑臉得勝，我們還是笑出來了。

我們慢慢意識到，我們剛才應該走對路，但是太早掉頭了。這次我們找到向右的正確岔路，所以很快就抵達目的地。組成這個村子的是兩條馬路和零星幾棟各自離得很遠、有樹木或田地圍繞的房舍。斯拉維克已經在等我們了，他還熱情地迎接我們。他很親切，我從第一眼就喜歡這個人。他請我們進到屋裡，馬上就提出，讓我們想住多久就住多久。我很感動，而且對斯拉維克有著無盡的感謝，感謝他收容我們，即使他完全不認識我們。他卻認為讓我們留下來是理所當然的事。

過了一會兒我才察覺到自己鬆了一口氣。我慶幸這許多人性的溫暖和善意，也為眼前的大自然美景高興，有幾分鐘時間忘卻了這場戰爭和所有這場戰爭帶來的悲傷情緒。這裡一片寂靜，而且是不帶任何危險、可靠的寂靜。

我很訝異，原來屋內不只有我們三個人。斯拉維克把自己的妻子和孩子送到摩爾多瓦，但同時又收容了他弟弟一家人，包含弟弟的太太和兩個孩子，以及弟弟家的貓兒子斯久馬。由於這房子的二樓還在建造階段，這就意味著我們要七個人同住在一樓。我們被分配到在廚房和浴廁之間的過道，在那裡布置了一張氣墊床做為睡覺的地方。斯拉維克為他無法提供我們更舒適的環境感到抱歉。我們對這些毫不在意，我們慶幸有個可以遮風避雨的地方，還有東西可以吃。而且最重要的是：我們覺得自己很安全。覺得俄羅斯人和死神不會找到這裡來把我們帶走。

我是個需要很多自由空間的人。有張溫暖舒服的床固然很好，但人的一生中不可能擁有一切，更別說是處於戰爭時期了。而且和許多人在一起，也為生活帶來一些變化，甚至可能會有點有趣。我打開我們帶來的食物，邀請大家自己動手取用。

我們能到這裡來、懷抱希望、有信心、喜悅、大自然：我被征服了。我明白，在這烏克蘭國土上的一小方土地上的這麼一小點幸福感只是轉眼即逝的事。如同那些折磨我的問題一樣，危險，從未遠離。

我突然覺得不舒服。無法呼吸。因為我一直沒吃東西又攝取太少水分，現在報應來了。我請安東帶我到外面散散步。往外走的途中，我遇到這房子的守衛，斯拉維克的貓兒子提摩非。我跟提摩非說了幾句貓愛聽的親切話語，又拍了一張提摩非地照片發送給母親。我深吸了一口氣，最後一次想起那座有三台電視機的舊蘇聯時代博物館陳設和裡面那股屬於二十世紀的氣味，然後像個冰雪女王般慶幸來到這裡。

在這樣的小村子裡，所有人都彼此認識。這也代表：這裡沒有人認識我們，連看都沒看過。我們是陌生人，不是當地人。我們才走了幾公尺，我就已經很享受這片美好的風景，欣賞著天空與田地和森林融為一體的美景。我又拍了幾張照片發給母親，好讓她知道，我現在人在哪裡。我還沒按下快門，就出現一老一少兩個男人，他們都是國土自衛隊的人。兩人用我們都聽得到的聲量，大聲地談論著我們。

「看看，有誰在那裡。某個男人和一個年輕女性。我還沒看過這兩個人。你看過嗎？」

「嗯！不知道呢！我想應該沒看過。他們在那裡做什麼啊？」

「他們在拍照呢！」

「去！跟上他們！我們可得搞清楚，他們在這裡有什麼好找的。」

我們假裝沒聽到，然後往他們的反方向走。等我們察覺到他們跟在我們後面時，我們才又轉身，往斯拉維克家繼續走去。我可以感覺到，他們還跟在我們身後，而且越走越近。戰爭真的太瘋狂了！現在我們就像空降到一部〇〇七電影裡面。我們只是兩個人畜無害的地球人，但對跟在我們身後的兩人來說，我們卻是有間諜嫌疑的兩個不明人士。他們追上我們，其中一人用純正優美的烏克蘭語說道：

「年輕人，你們好啊！你們從哪裡來？」

「您好。我們是從基輔來的。」

「那兩位在這裡做什麼呢？」

「我們借住在朋友家。您認識斯拉維克嗎？他的房子就在那裡、十一號那棟。」

「這件事我們都不知道呢！不知兩位可有攜帶任何證件？」

「噢！當然了。只是我們的東西都放在斯拉維克那裡了。」

「好，那我們一起走過去，再請讓我們看看。」

「沒問題。」

「待會兒如果釐清後，還請原諒我們的無禮。您也知道，目前是特殊時期。弄清楚誰和誰有關係這種事是寧可多一事、多一份安心，也不能少一事。這種情況想必您也一定能理解。」

我們當然理解，所以也樂意再往斯拉維克家走去。對於這次特殊時期，我們也已經有所聽聞了。

我問自己，那些間諜是否會像我們這樣應對，既不逃跑也不開槍。反正〇〇七電影裡面看起來是完全不同。不過，無所謂啦！看到這些男人如此用心地看顧自己的家園，我就覺得很受感動。

就這樣，我們四個人緩步走向斯拉維克的房子。安東和我走進屋裡取證件。斯拉維克告訴我們要保持冷靜。他則轉身和兩個男人聊天，並且很快就讓他們相信，我和安東兩人是和他們在一起的「自己人」。接著，兩位男士頻頻表示歉意，不停表示，希望我們能原諒他們的無禮。我們只好向他們保證，我們真的沒有覺得自己被冒犯，還讚許了他們追查俄羅斯間諜的行為，並表示，這次沒成功追查到間諜反而是好事，他們一定能接受這樣的結果。

下午，我和德國第二公視的一位記者，為接受談話性節目《斟滿一壺茶》（Volle

Kanne）的採訪進行準備會議。他充滿同理心地聽我講述我經歷的事。時間還不晚，但我已經累到覺得已經過了午夜。在這裡，睡覺這件事想都不用想。每則和戰爭有關的新聞都會有人批判和討論，有時候甚至還很激烈又大聲。我開始想念起不久前才享受過的那份大自然平和的靜寂。我累壞了，還是努力撐著。我的心情跌到谷底。從烏克蘭各地傳來許多傷亡和遭到破獲的新聞，令人憤慨，更令我感到沮喪。我可以放任悲苦的哭泣讓情緒潰堤，但是我要振作起來，因為在這樣困難的時刻，我們所有人更該勇敢起來才是。

我感覺好多了。我坐到筆記型電腦前，拿出筆和記事本，開始思考明天要在德國第二公視的採訪上說什麼。畢竟現在我有機會讓德國大眾知道戰爭的情況，有機會讓他們了解發生在我們身上的事，並澄清，俄羅斯並非以「保護者」的身分進到我們的國家來，而是做為違反我們意願的「侵略者」。同時，藉明天採訪的機會，也能讓德國社會知道，我們需要什麼。我要如何在五方鐘內傳達這麼多資訊？才一下子功夫，我就寫出了足以讓我說上半個小時的內容。我倒抽了一口氣。

眾人的聲音終於在討論中筋疲力盡，是時候睡覺了。我穿上運動褲和T恤衫，為氣墊床充好氣，然後躺上去。我可以感受到身體下方氣墊床表面的紋路，多希望我原來那張好睡的床就在這裡。我非常思念我的雙親，也想念基輔。悲傷量表的刻度現在又來到六或甚至七了。但這只是一次偏差值，只會維持短暫的時間。因為我覺得自己在斯拉維克這裡是安全的，而且我能控制我害怕的情緒。最棒的是：這裡喝得到很棒的黑咖啡。

02 / 28

入侵第五天

戰爭爆發後最初幾個小時的那些抽象、難以理解、覺得不合理的感受，幾乎都不見了。濃霧散去，卻沒有完全消失，只是轉化成幾乎看不見的恐怖陰霾。即使比起畢拉澤克瓦，這裡有著更虛幻的安全感，但那股恐怖的陰霾依舊在我們左右飄動。恐懼還在。可是我發現，人會習慣恐懼，即使務實地試著不要太注意它的存在，或是盡可能壓抑它。我在恐慌發作時察覺到這一點。恐慌發作時，受到壓抑的恐懼會像一座被點燃引信的大砲一樣突然爆開來。活在持續的恐懼中，耗費的氣力之大、之多是難以想像的規模。

這個村子讓我感覺好多了。安東也變得比較平靜了，我想。聽不到警報聲和爆炸聲，也看不到大片煙霧了。這些景象反而助長了我們的自我欺騙，以為自己已經衝到危險前面。那些晦暗的想法、憂慮、恐懼卻始終在那裡。它們就像活了五百年的老橡樹深根在泥土地上，牢牢扎根在我的腦袋裡。我與整個國家共享悲傷、憂愁和傷痛。如今的烏克蘭人，不用為了每天趕著上班或要帶孩子到保母或祖父母那裡去，而讓鬧鐘叫起床，卻要因為害怕和擔心，或被警報聲，或上述所有原因而起床。為人父、為人母者、男孩、女孩、同事、朋友、認識的人都不是進辦公室、去工廠、進電影院、到餐廳或是去動物園，而是走進防空洞或地鐵的防空隧道。因為有個瘋了的獨裁者，除了把他的軍隊派去打仗沒有更好的事做，只為了成就他意圖把烏克蘭從地圖上抹去，以及最好連同烏克蘭這塊土地上頑強抵抗的人民都一起消滅的瘋狂想法。如兄弟情誼般的友好的民族？真是太可笑、太愚蠢、臉皮太厚、狂妄又令人無法忍受的謊言！用戰爭來「拯救」如兄弟情誼般的人民，這真是自從核彈發明以來最蠢的想法了。普丁啊！你這個偽裝成人的魔鬼撒旦已經將我們的生活攪得面目全非了。你用炸彈在一夕之間毀了我們的家庭、生活、人生規劃、希望和夢想。我們既不是你的兄弟，也不是你的姊妹——而且永遠也不會是！你想要「解放」的烏克蘭人，每天都會對你的軍人嗆聲：滾回去！去你的！

這樣做讓心情好多了。下筆寫出憤怒，而不是單純去想著它，可以舒緩想要叫出來或是用頭去撞牆的衝動。這就是我後面要說出來，讓在德國的每個人都知道，我們對普丁和他的軍隊的看法：什麼都不是。

今天我起得特別早。我希望在接受德國第二公視訪問時的自己，已經做好充分準備而且夠冷靜。德國時間上午九點四十分，直播。這可不是一般人每天會做的事。當別人還在睡覺時，我想先沖個澡、梳好頭髮，好讓我可以美美地、堅定而冷靜地出現在螢幕前。畢竟，我要在幾百萬觀眾前代表我的國家。

這時突然想到，我沒有向斯拉維克要毛巾。真該死！這種時候，我可不好意思叫醒他。現在每天對他來說應該也是充滿壓力——他沒想到還從基輔來了個昨天之前還不認識的茱莉亞吧。現在這個茱莉亞還想把他拉下床，只是因為她急著要一條毛巾。一開始我還安於刷牙，然後喝咖啡，接著翻了翻筆記，等候斯拉維克起床。二月二十四日以來，我第一次不是單純因為生存焦慮而感到有點激動。就算在承平時代，要我面對直播式訪談，我也是會感到緊張的。

斯拉維克的房間傳出一些動靜。他醒了。我輕手輕腳地走進去，客氣地問他要了一條毛巾。他微笑著遞給我一條。終於可以淋浴了。我就不吃早餐了。現在我幾乎不用吃任何東西都還過得去。

斯拉維克讓我到一個可以自己一個人呆著、不被干擾的房間去。我享受這樣獨自一人的時刻。這就像在某個加勒比海的島嶼上只有一位來度假的遊客：茱莉亞。最終，我有兩個小時的獨處時間。

我該穿紅色還是黑色毛衣？我選了黑色，這顏色比較適合這種情況。待會兒的場合應該是嚴肅、不能透露出任何情緒的。我會努力表現得很堅強，不讓人察覺到我的心在痛。

訪談才剛開始，就已經結束了。過程中提出的問題雖然籠統但切題，正好可以讓觀眾得知，從突然在戰火中醒來的人那裡會想知道的內容。我有五分鐘時間，可以為德國人說明這件難以解釋的事。我可以理解，德國第二公視的觀眾不會想在午休時間看到太多關於戰爭的消息。即便如此，我還是覺得不滿意，甚至感覺有點失望。明明我有那麼多想說的內容！但有這樣的報導讓德國人知道我們這裡發生的事，總是好事。

我必須離開我那孤單的加勒比海島嶼，回到烏克蘭了。其他人想知道過程是否順利，我加入他們的談話。我說：好。關於訪談的話題圍繞著我。不管了！就那樣吧！這時收到母親和唐雅發來的訊息。所有人都平安。

我走到外面呼吸新鮮空氣，在斯拉維克家的院子裡找到一張長椅坐下。我不會再步行走出這裡，因為我可不想又被懷疑成俄羅斯間諜。此刻烏克蘭上方的天空真是美得迷人，藍得非常清明澄亮。陽光照下來，溫暖了我的臉頰。只是現在陽光的熱度還無法營造出春天的氣息。有幾隻鳥正在練唱，為了在關鍵時刻給適合的伴侶留下深刻印象，或也在為保護牠們的鳥巢吊嗓子。希望牠們還有機會經歷這些。

我原本想多坐一下，好避開屋裡的喧鬧和討論，但陽光強烈，而氣溫又太低了。因為我一直在打電話、讀取或發送訊息，導致我雙手都快被凍僵，皮膚上也出現了凍傷徵兆的瘀青。這樣想來，咳嗽一直好不了就不奇怪了。但第二天，我就受不了待在這棟房子裡了，雖然大家都很親切。這一切對我來說還是太多了。尤其是那張讓我覺得自己像已經在那上面坐了幾個月似的沙發，我現在一點也不想再看到它。

幾位男士想開車到畢拉澤克瓦的超市買東西，我請他們讓我一同前往，畢竟購物還是比發瘋好吧！他們果然帶上我。我們一群人開了兩部車，於是我坐在安東旁邊——又一次，沉默比說話的時候多。

只要認識路，這一程只消十來分鐘就到了。

在超市採買原本是在這世界上再平常不過的事了。過程通常是：走進超市、把要買的東西裝進籃子或購物車裡、付錢，然後快速離開。但遇到戰爭，沒有哪件事是正常的。我很緊張，其他多數人也是。我甚至能在一些人眼中看到恐懼。或也可能，那只是我的想像，而我在他們眼底看到的只是我自己的焦慮呢？

在這裡也可以看到戰爭的痕跡。相較於上周六，現在只有寥寥幾樣東西可買了。比起上次來時，這次貨架上和冷凍櫃中的空隙更大了。看到這些景象讓我感到害怕，因為我不免想到，三天後看起來又會是什麼樣子、到時候還有充足的物資可以買嗎？為了盡量讓更多人買到東西，我們很節制，只買了平常用量的麵條、麵包、米、罐頭、做酸辣湯的材料、口香糖、餅乾和新鮮的葉菜類沙拉菜。大部分人的做法和我們一樣。烏克蘭人在這裡也表現出團結的意志。我們在任何地方都沒有遇到因為食物短缺而發生爭執的情況。

茵娜是斯拉維克的兄弟歐雷格的太太，她煮了一鍋湯，我做了一道沙拉。晚餐時，大家又評論起時事，歐雷格話很多又大聲。茵娜正好相反，她很安靜，好像一切都和她沒關係一樣。餐後，因為主要是她掌廚，所以我負責洗碗。接下來還要接受德國第二公視的另一場訪問。這次我有三分鐘。我覺得自己像是找到了一項任務，那就是：向德國人說明，這場戰爭有多醜陋。

今天的日記很難下筆。我猛地闔上筆電，不敢相信自己耳朵聽到的。是警報聲！這是要攻擊畢拉澤克瓦了嗎？不久後，新聞上就傳來消息，說是我們的空軍在附近攔截到俄羅斯的飛彈。我們都鬆了一口氣。但是，平靜的日子結束了，美好的安全感也成為過去式。警報聲大作已經把這些從我們身邊帶走了，我們這才意識到：死亡仍然緊跟著我們，我們原先的自以為是，以為自己已經衝到危險的最前面，原來全都不值一提。

每個人都感到震撼。我們在被嚇呆的沉默中等待。那種不自然、詭異的寂靜只有在戰爭中才會發生。為了不讓俄羅斯人看到斯拉維克的房子，我們關了燈。熄燈後的那份寂靜讓人更覺恐怖。眾人決定就此上床睡覺，但不到地下室去，因為那裡太陰冷了。我們向自己保證，早上的情況會比晚上好。這同時也無異於承認：除了等待和企盼警報聲不要響起，我們反正什麼事也做不了。

夜晚本該是睡眠時間。現在應該稱之為「夜間的『不安眠』時間」吧！我的腦海中不斷盤旋著我該怎麼辦的想法。如果我開車離開這裡，我就離我父母更遠了。但是，我離他們一百公里、三百公里或一千公里，其實都沒有差別，不是嗎？我只感到筋疲力盡、既疲累又激動。壓力非常大，我的肌肉感覺起來像鋼鐵一樣緊繃。

我不想死。

03 / 01

入侵第六天

終於！夜晚過去了！我張開眼，駕輕就熟地確認，我們的房子還在，而且死神並未在我們睡覺時來接引我們。如果是承平時代，沒有比這種確認更為荒唐的事了。有誰會在睡醒時想到，再次醒來真是一件美好的事？或許剛做完最後一次化療，希望還有幾年或多幾個月生命的癌症患者會這樣想吧！然而，在戰爭期間，這種想法反成了既哀愁又美麗的常態，就像伸手去拿手機這件事所代表的意義不僅僅是每天早晨的儀式而已。每一則接收到或發送出去的訊息都在向我或對我所愛的人表示：是我們、我們還活著。

我費了好大的勁才入睡。俄羅斯人的砲彈果然留下一些痕跡，雖然什麼都沒發生，而且在夜裡，警報聲顯然也沒帶來什麼壞消息。不過也有可能是我沒聽到，因為歐雷格的打呼聲蓋過了警報聲。聽說，一個人能承受多少考驗，上主就會給他多少。剛過的這一夜，讓我更清楚這句話的涵義。所以我只要想著歐雷格可怕的打呼聲就好了……

春天的第一個溫柔徵兆已經開始退散，美麗的藍天不見了，取而代之的是晦澀的蒼白顏色。這天清晨令人感受到，似乎是冬天決定在烏克蘭再逗留一陣子。天氣變得很冷，處處都有雪花留下的白色痕跡。其實今天是立春，應該是個值得歡慶的日子。但是沒有人臉上掛著笑容，所有人只是做著幾件自己該做的事。這種天氣果然適合此刻烏克蘭的陰鬱狀態。寒冷、恐懼、絕望、對什麼事都感到不確定、空虛。上主到底還為我們準備了多少考驗？不管接下來還有什麼考驗，我們定要戰勝它！

時值等待春天完全醒來的時節，大地得到喘息的機會時，更加重了傷感的氛圍。小鳥兒呀！你們都到哪兒去了？為溫暖時節的演唱所做的排練，牠們已經暫下來了。我自問，鳥兒在戰時的歌唱與鳥囀，會與承平時代有所不同嗎？牠們察覺得到危險嗎？牠們聽到炸彈和手榴彈的爆破聲、聽到戰鬥機的轟隆響、坦克車的顛簸聲和機關槍的噠噠聲時，會把這些聲響當作危險的警示，而做出和我們人類一樣的結論：沒有什麼比離開這裡更迫切的事了，因為死亡就潛藏在這裡。

我希望基輔的那些松鼠從我這裡得到足夠的庫存。如今冬天掉頭回來了，而且因為外面太危險了，可能不會有人為牠們帶去堅果。親愛的松鼠，我也遺憾，我不能去公園找你們了。距離太遠，也太冒險了。但是，總有一天，我會回去看你們，為你們帶去世界上最美味的堅果，而且數量多到除了塞滿你們的肚腹，還要夠讓你們可以充盈庫存。如今想來，真是難以相信，上個星期我還跟那些松鼠說，別把我帶去的堅果一次吃光，要留下一些堅果作為不時之需，以防備冬天再度發威。如今命運之神就發威了。倘若所有進到超市裡的人都能買到充足的物資，我就感到欣慰，而且每天我都要為隨時可能發生的緊急狀況做好準備。

有趣的是，在德國竟然還為普丁是否瘋了激烈爭辯。還有什麼好爭辯的？他妄想「解放」我們，就擺明他腦子有問題。他稱這場戰爭為「特別軍事行動」。我想，他有特殊癖好，而且診斷結果非常明確：他就是個心理變態，如果他是正常人，他應該就會撤回他的軍隊，承認自己的錯誤認知，承認我們既不是他的兄弟邦民也不是姊妹邦民，而且我們一點也不想和他醜惡的俄羅斯有任何瓜葛。我們想要在民主體制中，與俄羅斯和平共處。但普丁就如所有獨裁者一樣狂妄自大，絲毫沒有想要糾正錯誤的意思。

今天，我的腦子裡突然冒出一個奇怪的想法。我在逃命，想要逃出死神的召喚，結果竟因這無止盡的左思右想死在這個小村子裡。噢！不！茱莉亞，別擔心，妳不會就這樣死去。我很快劃掉剛寫下的句子。或者我留下那個句子作為提醒，讓我在幾年後還記得，曾經讓我這麼苦心琢磨的都是些什麼內容。思考可以打發停滯的時間。不過，就算時間急著流逝，也無所謂了，因為每個小時都沒有差別。我一點去散步的興致也沒有了。我一點也不想重新解釋，我不是俄羅斯間諜。看看我！是我，茱莉亞！不過是從基輔來的一堆神經纖維的組合，是這場俄羅斯發動的戰爭中四千一百萬受害者中的一員。你們看不到我嗎？連我的絕望也看不到嗎？

我的生命在斯拉維克家中持續著。不然呢？現在已經不可能隨意坐在屋外了。好吧！要的話也是可以，但我可不需要再加上凍傷來折磨我了。感覺稍有消退的咳嗽完全就夠了。我的活動範圍很小。我的活動範圍如今已經順應了我縮小的思考世界的規模。而我的思考總是繞著同樣的問題轉：我該往西移動嗎？我的父母還好嗎？

從家裡傳來的最新消息很糟糕。戰事前線逼近他們的所在地，他們四周都聽得到戰事的擾攘不安，看到俄羅斯坦克車和直升機的頻率也越來越高。電力和暖氣供應都中斷了。真是的！偏偏發生在剛又降到零下低溫的現在！

沃澤爾傳來的壞消息加劇了我讓父母獨自留下的疑慮和羞愧。雖然我自知，我既不能為他們稍電過去，也不能為他們開啟暖氣。畢竟，我雖然能從他們那裡感受到來自他們內心的溫暖，但這些發自內心的溫暖無法讓屋子暖和起來。

我對自己的責難，完全反應了戰爭的扭曲。一個精神不正常的獨裁者入侵我的國家，毫無選擇地胡亂拋擲炸彈，而我面對我的父母竟感到良心不安，只因為我想活下來。在這場可恨的戰爭中，我完全是無辜的，卻要感到內疚。太荒謬了！真的是瘋了！就像這場戰爭中的一切，都瘋了！即便我們沒有想要這場戰爭。

這時候的我已經不只是不停查看我的手機上是否傳來了新的訊息，我也顧著注意是否又過了五分鐘。話說，不停地看向時鐘是強迫症的一種特徵。拜託！現在才早上九點整。偉大的主啊！怎麼才十點半？！我已經想東想西、又思考、又琢磨了十個鐘頭了嗎？現在不該是時間去睡覺了嗎？不是嗎？啊！早餐，好，我知道了——我新的一天的挑戰又來了。我沒胃口、也不覺得餓。不過，現在我會強迫自己多少吃點東西以免暈倒。我吃東西是因為我必須進食。我從沒料到，竟然有一天我要思考食物可能短缺的問題。我沒料到，有一天要想到我們可能無法再走出這房子或走出地下室去找尋可以吃的東西的問題。人類要解決的問題還不夠多嗎？難道現在地球上，沒有比毀掉我的烏克蘭更重要的事情了嗎？

從任何層面來看，戰爭都是不對的事。我安慰自己，好歹我們還有電可用、有食物可吃、有穩定的網路連線、手機連線也很好。當我想起我在基輔、伊爾平、查爾基夫（Charkiw）、馬里烏波爾（Mariupol），以及其他還在烏克蘭東部的城市和鄉鎮的同胞，相較之下，我又要發脾氣了。有時候，我真希望自己可以像孟克（Edvard Munch）名畫中的人一樣大聲吶喊出來。過去我一直很喜歡那幅畫，但要到現在，我才能真正理解那幅畫所要呈現的力道。我現在知道，畫中的人內心發生了什麼：他正因絕望而吶喊、為我們所謂的現代世界感到恐懼而吶喊。

我也想要像那樣吶喊。我想以正如畫中呈現出的那樣濃烈的情緒大聲喊叫出來。當我想到兒童如何遭罪，我就感到憤怒。我自問，如果對我們成年人來說已經是如此折磨，那麼，稚嫩如他們又該如何處理內心的恐懼。女孩和男孩都不再問：我們今天玩什麼？到我生日還要多久呀？火星上有生命存在嗎？而是問：戰爭哪時候停止啊？我們會死掉嗎？為什麼爸比不跟我們一起行動？安東最好的朋友不得不帶自己的兒子去看心理醫生。他們一家人在沃澤爾自家附近不斷聽到爆炸聲響，以至於有兩、三天時間都待在地下室。但是他們更害怕的是，俄軍的坦克車隨時可能對著他們家開火……

我們還有的就是團結，好比我們現在身處的這棟房子裡，也能感受到這股團結的力量。如今我們像是變成真正的一家人了：斯拉維克、鼾聲如雷的歐雷克和他的太太茵娜，還有他們的兩個孩子，一個是十三歲的娜絲緹雅，另一個是十八歲的安德瑞。我喜歡他們所有人。我們在最短的時間內發展出度過一天的作息。每個人都做自己能做的事。有人煮食，就有人布置餐桌、有人洗碗。幸好在這年代已經發明出電腦了，孩子們可以玩些科技發展出來的玩意。

斯拉維克的鄰居拜託我們幫他們照看他家的寵物。鄰居的男主人要帶著妻子和孩子到波蘭去，但是車上沒位置了，無法帶著狗兒和貓兒同行。於是，一隻慈眉善目的拉不拉多犬和一隻可愛的貓咪就由我們接手照顧。茵娜為兩隻動物準備吃食，然後交由安東為牠們送餐過去。鄰居把院子鎖上了，所以安東做了一個類似釣桿的器具。他把貓狗的食物裝進綁了繩子的鍋子裡，再用釣桿把食物釣送到柵欄後方。起初，兩隻動物缺乏信任感，不敢靠近。後來覺得安東帶來好吃的食物，應該對牠們沒有惡意才靠過來。就這樣，安東在沒有接近拉不拉多犬和貓咪的情況下，和牠們成了朋友。真正的朋友情誼就算有柵欄擋也擋不住。

我在杜塞道夫的女性朋友奧莉亞問，可以怎麼幫我，還詢問是否可以寄點東西給我。她人真好，還給我思考如何回應的空間，既不強迫我，也不會干預我該怎麼做。她的支持是真的為我著想，而不是想到她自己。這才是真正的理解。和奧莉亞完全不同作風的那個拉脫維亞人又讓我不高興了，他寫道：「你到底決定要離開了沒有？到底還有什麼好猶豫不決的？好吧！就算戰爭不會染指這座城市，但妳還是想想幾天後整個國家會發生什麼事吧！這個國家正在慢慢瓦解。妳們在那裡不會有未來！不過，都是妳的選擇啦！你當然可以留下來。」這個男人完全沒有意識到他的話會給我帶來多大的壓力，讓一切都變得更糟。他的動機或許很真誠。但是每天跟我預測說，我的家鄉烏克蘭就要垮台了，總是能讓我流下一大把眼淚。然而，我也寫不出：白癡！別管我！——畢竟我知道，他其實也沒惡意。

我成功了！這一天就要成為過去式，而我也成功打發了時間。晚餐後大家各自忙自己的事。我一樣坐在廚房裡「我的」沙發上，寫我的日記。安東在社群媒體上應付俄羅斯的政治宣傳，解釋總統澤倫斯基真的是猶太人，不是納粹份子。其他同住在這房子裡的人則在討論最新的資訊。不過可以看出，對於許多無濟於事的談話和評論，他們其實也累了。

附近突然傳來一聲巨響。聲音聽來異常低沉，像是從地底深處傳出來的轟隆聲一樣，又和俄軍入侵第一天，我在基輔聽到的聲音一樣。是砲彈爆炸的聲音。現在每個人都熟悉這種聲音了，可以輕易從不同的聲音中辨別出來。我馬上跳了起來。寫在我臉上的是每個人都有、但不必說出口的疑問：我們現在怎麼辦？大家都感到害怕，男人也不例外。但我們仍然保持冷靜，甚至是放鬆的地步。我們決定走到地下室去等著，看是不是還會聽到更多的爆炸聲。這是我第一次經歷到過去聽過和讀到的許多事：我們帶著溫暖的被毯和飲用水走下樓梯，希望能就此躲過侵略者的炸彈攻擊。我們一邊豎起耳朵仔細聽著，一邊盯著地下室那盞昏暗的燈看。我一動也不動，既是因為害怕，也因為低溫讓我僵住了。帶下來的被子一點用也沒有，地下室裡面太冷了，令人難以忍受。最多一刻鐘後，我們就回到一樓。我很慶幸，因為凍死也不是特別好的死法。

不久後證實，畢拉澤克瓦的電視塔和一座軍用倉庫是這次的攻擊目標。然而，被擊中的是兩棟住宅和一棟學生宿舍。有人失蹤，尋找失蹤者的搜索行動已經展開。我可以想像，如果有父母得知自己在畢拉澤克瓦的大學讀農業生物學系、獸醫系、經濟系或法律系的兒女的死訊，必定是很殘忍的一件事。因為這些孩子明明還有一大段成年後的人生等著他們去體驗，如今卻因為在錯誤的時間、在錯誤的地點，平白失去生命。

我們決定熄燈睡覺。這流程我已經很熟悉了。我們告訴自己，早晨一定比夜晚好。只是我不再相信這種說法。這類名言在戰爭中都失去了它們的恆久效力。

我累了，累到不能再累了，但還是無法入睡。歐雷格的打呼聲也不像往常那麼響亮。再次揮動鞭子的是內心的不安。心的不安就像一頭讓我想給牠下毒的可怕怪獸，但我沒有正確的方法可以澆熄怒火。

03 / 02

入侵第七天

比起昨天，這股怒火今晨來的時間更早、更猛烈。當我求它再讓我多睡一會兒，它只是揮動鞭子作為回應。那頭可怕的怪獸迫使我睜開眼睛，宣告新的一天就此展開。

是的，我活著。即便是這樣美好的確認也並未帶來多少安慰，或者並非如此，安慰多少還是有的。當然是有帶來一點安慰的吧！只是認知到這點的開心只維持大概三十秒左右。因為醒來，代表著所有恐怖的事、悲傷的事、可怕的事、令人沮喪的事都再次出現了。一切都讓人感受到戰爭的存在。一切重頭開始：打發時間、東想西想、等待。我等著，卻不知道到底在等什麼。等戰爭結束嗎？等著可以回去基輔嗎？等待奇蹟？等候突來的靈光乍現，讓我知道該怎麼辦？我不知道。一切都好像沒意義、沒有未來。昨晚睡前的念頭一早就又撲上我，餵養著我內心的怒火。

一種新的、之前不知道、我也找不到合適的字眼來形容，這樣的反差悄悄地潛入我的生活。我想著可以如何描述這種狀態，以免忘掉它而招致無謂的緊張情緒。或該說是令人心情緊繃的百無聊賴。這也是戰爭異於常態的一部分：沒事就是好事。但是無所事事的等待會造成永遠無法舒緩的內心壓力。我哪時淪落到這麼無用、這麼無助與孤單的境地過？

這種緊繃的心情逐漸變成神經緊張，每個小時都在增長，威脅著要把我撕裂。幻想自己的神經可以像鋼鐵一樣堅實的人——置身戰爭中，無須鍛鍊就有了。這是我至少還能說明的狀況。事實是，戰火的暴力正緩慢而出人意料地進入那些既沒有軍事設施，也沒有戰略設施的小城市或小地方。烏克蘭各地都傳言，俄羅斯人瘋狂掃射，就是平民老百姓也不放過。對此，每個家庭都已經可以唱出一首歌——只要他們還能唱的話。

到底該往西前進？還是留下來？我思前想後、左右琢磨，這些擺脫不掉的念頭已經變成一種精神折磨。在這個只有兩條街道和幾棟屋舍的小村子裡，我到底來這裡做什麼？我覺得自己毫無價值，我不知道自己還有這樣一面。這種困窘、羞愧、內疚、恐懼、無能為力和自覺毫無意義的複雜情緒，讓我昏沉不振，也剝奪了我一點一滴的氣力、掏走我對生活的熱情和信心。正因如此，我現在更該堅強起來。沒有人知道，這一切將會如何結束。畢竟戰爭才剛剛開打。

我所等待的奇蹟，其實早就在沒有人注意到的時候，就已經發生了。我也是現在才剛意會到。我的腳拖著我走，讓我還能在不倒下的情況下行走。沒有人知道我的情況有多糟，而我又如何折磨我自己——我覺得，即使安東也不清楚我內心發生了什麼事。

當然，這也是我的錯。我努力自持，一個小時捱過一個小時。我要求自己要勇敢、要堅強。我也確實做到了。只是我越來越到極限了，無論是心理上還是生理上。

我想，我必須離開這裡！即使這代表我必須和安東告別，並且離我的父母越來越遠。但我可不想用頭去撞牆的想像變成現實。我還需要這個腦袋來思考和賺錢。我要問問唐雅的意思，詢問她是否能讓我到她那裡去。利沃夫（Lwiw）離前線幾百公里遠，靠近波蘭邊境，那裡很安全。安全。安全這字眼？我為自己的黑色幽默笑出來。這國家還有什麼是安全的？連在教堂裡面應聲讚美主都不安全了。還有誰敢去教堂望彌撒？俄羅斯人是連我們的教堂都是說炸就炸了。對這些野蠻人來說，沒有什麼是神聖的。

我掙扎著發了訊息給唐雅，她也很快回覆了：「小茱莉亞！都還好吧？」小茱莉亞——每次聽她這麼說，我都覺得真是可愛。我回了個「好」，雖然是事實，卻又不免有些誇張的成分。反正，是事實也好，誇張也罷，兩者都沒錯。我把全部真相都寫給她：「這裡很快就不會再像現在一樣安寧了。我們住的地方附近昨天爆炸了。」接著我問了一個牽動我情緒的問題：「如果我有辦法到利沃夫的話，可以去找妳和娜塔莉嗎？」我熱切期待她能同意。「好呀！當然可以！」唐雅很快回覆。接連又發來訊息，寫道：「來吧！」我在內心抱了抱她，並且回覆讓她知道我如釋重負的心情。我寫道：「太好了！謝謝妳！」

這時還有另一個女性友人住在唐雅那裡。不過唐雅的這個朋友隔天就要到奧地利去了。剛剛好。唐雅催促道：「如果你們那附近已經發生過爆炸，別再坐著乾等啦！快走！」我同意她的說法，向她解釋，我正在思考要如何去利沃夫。

我問她：「你們那裡情況如何？都很平靜嗎？」

唐雅回道：「目前為止，一切都好。只有商店和大型購物中心暫停營業了。」

「很高興聽到你這麼說。希望這種狀況繼續維持下去。」

「天主保佑，希望如此！」

唐雅雖然和一個女性朋友還有一條狗住在一個小公寓裡，她還是願意收容我。有這樣的朋友真是太好了。有人在利沃夫等我，這是件多棒的事啊！終於再次感受到開心的心情，真是太好了！

我感覺好多了。即便我早就知道，接下來往西前進的行程會非常困難。從這裡到利沃夫距離超過五百公里。通往波蘭的路都還很壅塞。平時上高速公路從基輔到利沃夫大約是六個小時車程，現在大概要抓大約二十個鐘頭的時間。火車裡都擠滿了人，不僅誤點嚴重，還常有班次取消。

確定的是：安東不可能帶我去，然後再開車回沃澤爾到他母親那裡去，這麼一來我們的汽油肯定不夠。再說，沒人知道他在利沃夫或是哪裡是否還有機會加到油。而且，他想盡快到他母親身邊。

我已經打了很久電話，也發了數不清的簡訊。一切都像被施了什麼魔法，沒有一件事是順利的。我現在可以去找唐雅了，但我不知道該如何成行。很快地，我又開始琢磨，到底該繼續前進，還是留下來。

晚上十點左右，畢拉澤克瓦又遭到轟炸。這次我們不再躲進地下室。比起昨天，我也沒那麼害怕了。我覺得自己已經在灰暗思考的迷宮中找到出路了。我又有希望了。

親愛的唐雅，謝謝妳！

03 / 03

入侵第八天

上午、中午、下午、晚上、入夜。白天、黑夜。醒著、睡著。行走、坐著、躺著。說話、沉默。一切都一個樣。一切都無所謂。時間靜止不動。度日如年。我們不是活在今日，而是活在大前天。

屋裡的每個人都盯著自己的手機看，希望能看到帶來安慰、奇蹟、轉機、勝利、和平的消息。未能如願。

我看著照片上被炸毀的房子、受到驚嚇的母親和哭泣的孩子，讀到同胞死亡的消息。死亡人數應該有幾千人了吧！有時候會報導到比較具體的死亡人數，讓人理解那些不容易有概念的事。俄羅斯軍隊在這一處的空襲造成多少人死亡、在那一處的轟炸又死了多少人……。

罹難者中有許多是一瞬間就被奪走未來的兒童。他們的父母該如何走出失去骨肉的傷痛？這樣的傷痛走得出來嗎？這樣的傷痛有停止的一天嗎？

對死者的哀悼以及看到那麼多破壞，讓我的喉嚨像被掐住了一樣，讓我幾乎無法呼吸。現在，比起警報聲，我陰鬱的心情更讓我感到害怕。我立身而行，卻總覺得少了支撐。我已經停止評估我在悲傷量表上的級數，不然，數算悲傷等級讓我感到太多壓力了。

我無法左右我的心情，我的無力感像是被別人操控一樣。我也無法強迫自己，今天的心情一定要比昨天好。我終究不是在減肥，沒有任何評分系統來告訴自己進步了可以得到獎勵，退步了就要受到懲罰。而且：每次試著以理性掌控悲傷，藉此讓人看到我還扛得住，總是失敗告終。就算有人跟我說過幾百萬次「這，就是戰爭」，還告訴我，有幾百萬烏克蘭人的處境比我還慘，都不能讓我的狀況變好一點。在戰爭中，容忍失了尺度。因為在戰爭中，沒有了歡樂，什麼都令人難以忍受。

剩下的發洩方式就是憤怒。今天這股憤怒就落在西方。這股憤怒無視所有警告，還跟著挖深我們掉落的深淵。它允許普丁併吞克里米亞，而今又讓普丁殘暴地侵略烏克蘭。想到這裡，我就壓抑不住內心的怒火。我覺得自己像一座火山。只不過，是一座無能為力的火山：岩漿飽滿，卻無力噴發。如果能夠，我願這些岩漿噴向俄羅斯軍隊和克里姆林宮。

我努力著。每個烏克蘭人都在努力。無論是奮力在前線對抗俄羅斯人，還是努力活下來。並且努力反抗著，不願把眼前的錯亂景象視為正常生活。在戰爭期間，沒有什麼是正常的。即便如此，生活日常照常展開。逃命成了日常。擔心害怕成了日常。有所捨成了日常。求生存成了日常。咒罵成了日常。仇恨成了日常。什麼都不做、什麼也做不了成了日常。跑向防空洞成了日常。躲到地下室成了日常。堅忍成了日常。懷抱希望成為日常。祈求上主垂憐成了日常。

我幾乎可以寫成一本戰時日常指南，教人如何在戰爭期間保持勇氣。只是，在這當下，寫日記對我來說已經足夠。重要的是，記錄下所思、所想和所經歷的事情，以便在多年後提醒自己，並且能和自己的孩子講起這段經歷。

我的父母、安東、安東的母親、我姊姊和她的家人，我們其實都可能是俄軍槍下的冤魂。只是到目前為止，我們還很幸運。如果能繼續活在這個世界上，就是上天賜予的禮物。我會充滿感謝地接受這份禮物。唐雅的應允，讓我有了到遠離前線的利沃夫找她的希望，這著實增強了我的求生意志。我也感謝安東，感謝他，即便知道了我的計畫，也沒有強迫我一定要留下來。

從報導中得知，有女性奔赴前線幫忙、有許多志工冒著生命危險為其他受困或待援的人帶去食物和藥品、有在醫院地下室執行緊急手術或接生的醫生，也有在轟炸過後出來撲滅火勢的消防人員，這些人的義行都讓我印象深刻。無論是在小範圍或大層面展現出的團結精神都很了不起。我希望能抱抱他們所有人，因為他們守護了「活著就可能有更美好歲月」的盼望。

我就快要做出決定，以結束這些折磨了。我慢慢平靜下來，至少現在我有了唐雅的允諾作為安全保障，到時如果往西前進不會困在那裡——而這種安全保障對我來說就像防空洞一樣珍貴。

到了晚上，又全變成另一回事了。真是可怕，而且太令人傷心了。我從未感受過母親像剛才那麼激動的樣子。母親過去總是很冷靜、從容地作我們的後盾，但剛才電話裡，她害怕到用顫抖的聲音跟我說：「他們已經來到這裡了。我剛才看見他們了。一部俄羅斯坦克車就停在我們的房子前面。」俄軍竟然進到米海利夫卡—魯別席夫卡村！！我又陷入恐慌，而且害怕到發抖。敬愛的主啊！求祢悲憫我的父母和我的家鄉！

母親說，俄羅斯人打破了我家附近兩家超商和一家咖啡館的窗戶，還從裡面搬出一堆食物。你家的獨裁者沒有給夠你們食物就送你們上戰場了嗎？那就去向他抱怨啊！而不是來強行盜取你們「好哥們」的東西啊！可惡的白痴！

大家都很擔心俄羅斯人會闖進家中打劫、強暴或殺人。我父母已經不想繼續留在家裡了。他們想要搬到住在主街外的親戚那裡去。為了不被發現，他們必須穿過田地而行。可是萬一那裡有俄軍埋伏呢？誰知道，倘若他們看到我父母會對他們做些什麼……

以上是我從媽媽那裡聽到，然後寫下來的！我還是不願相信，俄軍的坦克車鏈帶竟然會輾過我家鄉的村子，而且俄羅斯軍人竟然還打劫了！我真是看不起他們和他們又蠢又瘋的領導！

害怕、生氣、憤怒、恐慌、絕望。我彷彿聽到母親一個星期前還說著：「這裡以前就發生過戰爭，我們也沒有逃走。」結果現在是這樣。我一點也沒有我說對了的那種勝利的感覺，因為勝利不勝利現在根本不是重點。我請母親保持冷靜，然後遠離火線，馬上出發到親戚那裡去。我也試著連絡娜迪雅，問問她是否已經離開沃澤爾。我連撥了幾次電話，線路都不通。

可怕的一天結束。

03 / 04

入侵第九天

和警報聲的咆嘯一樣，我也習慣了歐雷格的打呼聲。今天我睡得頗沉，睡的時間也拉長了一點。而且，如果電話沒有響起，這個夜晚或許會再長一點。手機螢幕上顯示了博丹的名字。如果他這麼早打來，我想一定是發生什麼事了。我穿上靴子，盡量輕聲走到陽台上，再回撥給他。我想知道，到底發生了什麼事。他說：「妳準備好可以出發了嗎？妳願意的話，我可以載妳去利沃夫。」我想著，這是第一個真正的機會，但同時可能也是我離開這裡往西前進的最後一次機會。我沒多想就做出決定：「好！走吧！」我格外冷靜地回答，就好像這是一個工作上臨時召集的會議。我說：「好，給我一個小時，然後安東會載我過去找你。」

終於有好消息來找我了。這可是唐雅答應我可以過去她那邊住之後，我一直渴望發生的事：希望有人能帶我去利沃夫。但是我開心不起來，我感到很難過。我內心的一切都凍結了起來，離別的傷痛正在蔓延開來。我開始無盡渴望回到基輔和再見到父母。我很快又考慮了一下。說到底，這裡很安全，我和大家相處融洽，我……噢！不！決定的事就是決定了！

我再次如鯁在喉，而且這一次讓我無法呼吸。沒想到，最後是安東支持我的決定，他跟我說，我應該離開。雖然我知道，他明明是希望我留下來的。但他卻說，如果他能知道我到了安全的地方，對他來說是更好的事，因為這樣他就不用在他母親和我之間左右為難了。只要我啟程，他就會回到沃澤爾，而不是守在這裡看著越來越傷心的我。

出發到利沃夫吧！我很快沖了澡，打包了我的三樣物品，帶上打算在途中食用的麵包。沒有時間在告別會上進行告別演說，也沒有時間流眼淚了。我們還有一大段路要趕，必須在天黑前抵達利沃夫。我有點緊張，喝了在這小村子裡、這屋子裡的最後一杯咖啡，吃了一小塊起司，接著就出發了。我感謝所有人，當然最感謝的是斯拉維克。感謝他們的善意，感謝他們的支持和招待。我緊緊地抱了每一個人，祝願他們堅強，並承諾無論如何一定要再相聚，要再度和大伙一起開心地圍坐桌邊。

安東載我到科斯扎金（Kosjatyn）（位於畢拉澤克瓦和文尼察的市鎮）約定會合的一座加油站。安東迫切地想在當天白天時段盡快趕回我們在基輔的公寓拿一些東西，然後到沃澤爾他母親那裡去。博丹從切爾卡希過來。他自願承擔起將親友送往安全地方的使命，已經連續開了三天的車。

整路上我們都沒說話。那是一種酷刑般的沉默、一種足以說明一切的沉默。現在，我們之中沒有誰還會想問對方任何事情或是承諾什麼。「回程」成了一直說不出口的字眼。安動既擔心又難過，但他盡量把這些情緒藏起來不讓我看見。我試著去理解此刻在我和他、和我自己、和我們之間、與我的家鄉、與我的世界之間正在發生的事。但如今——而且這對我們兩人都很重要——我非常確定，我做的是正確的事。

又一次告別。我不是為告別而生，卻非常了解這種感受，知道告別會有多心痛。但我已經學會在必要的時候振作起來。我們緊緊相擁，有數分鐘之久，然後各自坐上不同車輛，開往不同的方向，遠離彼此。

我又坐進車子。博丹覺得我不想回答的問題，就不會開口問我。沒有回頭路可走。今天沒有、明天也沒有。

車行過了半小時。一公里、又一公里……我離我所愛的所有人和我過去的人生越來越遠了。

我帶著對父母的擔憂上路。昨天開始我就連絡不上母親，可以聯繫到她的線路中斷了。我不知道發生了什麼事、不知道他們是否安好、是否安全、是否順利抵達親戚家、不知道供電和暖氣供應的情況，也不知道他們是否吃得飽。

母親甚至不知道我已經往利沃夫出發了。不過，這樣也有好處：她知道得越少，越不用為我擔心。而且我確定，她一定會支持我的決定。過去她總說，我應該去做自己認為對的事，因為那是我的人生。母親說的都對。

姊姊薇卡用 WhatsApp 傳來令人放心的消息。我們的父母都安好，他們已經到親戚家了。我真的如釋重負。薇卡告訴我，現在起母親每天只有在晚上八點左右才會和我們簡短聯絡。這個時間點外，她都會把手機關機。因為俄羅斯人截斷供電線路，現在她已經無法充電了。

我們繼續往前開、不斷前進。太陽又露出臉了，我覺得這是個好兆頭。一開始偶爾出現小塞車。顯然我們不是唯一想往西移動的人。不久後，路上就沒車了。我們特別挑了一條路況顛簸的非主幹道做為行進路線。整路上經過許多村莊和一望無際的田地與茂密的樹林。在這條路上，我們幾乎都是唯一一輛在路上跑的車。我意會過來，覺得自己確實做了正確的決定。離戰場越遠，我的心就越平靜。這附近很安全，聽不到爆炸聲。這次我只擔心博丹的車，因為路上到處都是坑洞。真是一場災難！不過，都到這時候了，這也已經不是那麼重要了。說到底，車輛或是道路總是還有機會整修的。

路途似乎變遠了。博丹竟然還可以堅持下去，這點讓我感到訝異不已。在昨天和大前天的奔波之後，他必定是累壞了，而現在他又要載我到利沃夫去。想到這裡，我不禁在心裡再次深深感謝有他這樣的朋友。我很感動，甚至有那麼一刻還感到非常幸運。

下午一點剛過，導航系統上顯示：抵達目的地還要四個多小時。這樣不就接近宵禁時間了嗎？我們只能希望，油箱還有足夠的汽油。因為很多加油站已經無油可加。車上的油錶顯示，目前的汽油還夠走六百公里。所以應該是夠我們開到利沃夫了。

一路上我們不斷被國土防衛軍的勇士攔下。他們檢查我們的證件，詢問我們要到哪裡去，他們在查找持有偽造烏克蘭身分證的俄羅斯間諜。那些俄羅斯間諜到處打探我方軍情，並洩漏給敵軍。博丹向國土防衛軍說明，他要載我到利沃夫。幾位勇士往車內探看我們是否載運了違禁品或武器。這時有信號燈亮起來，應該是有什麼狀況。至於確切是什麼情況，我不清楚。

我們突然看到一架烏克蘭直升機，應該是要載運食物、藥品或武器到基輔。

再過幾個小時，世界就會再次向我敞開大門。我還在猶豫，是否要繼續前往德國。從利沃夫開車過去，大概一個多小時就到波蘭邊境了。但這樣的想法讓我一陣反感。而且，我其實不願意離開我的父母和國家。我的心跳得越來越快，過去一個禮拜我已經不斷領教過了，只要我又陷入思來想去、猶豫不決的情況時就會這樣。只是現在，思考這些已經不再讓我那麼痛苦或感受到自我毀滅，也不會讓我傷心落淚或讓我心情沮喪了。

路況不佳讓我們前進的速度緩慢。現在已經確定，我們無法在宵禁前趕到利沃夫。這樣我們只能在車上過夜了。不！氣溫太低了，而且也有點危險。我們當下車子能開到的下一個最佳停靠城市是克雷梅內茨（Kremenez）。我們很幸運，找到一家環境還可以、也負擔得起的旅館。在一頓美餐後，我覺得自己恢復了大半。我甚至可以做到五分鐘不盯著手機看。

事實上，我們兩人都很累了。但我還想快速記下一個對我很重要的想法。我找到主了。祂已經成為我的精神支柱。二月二十四日起，每天晚上睡前我都會為我所愛的人禱告。我祈求上主，讓他們所有人活下來，結束這場戰爭、結束所有烏克蘭人所受的磨難。

一如今晚，我也向主祈求了同樣的事。

03 / 05

入侵第十天

寂靜，也可以是美好而令人心安的。我又想起，一早在旅館窗前看到的針葉林。時間彷彿在克雷梅內茨駐留了好久。許多歷史建築歷經二次大戰和蘇聯時代還能倖存下來。旅館裡的人員面對他們的工作，就好像他們尚未聽聞戰爭的消息一樣。而我也不想當那個破壞氣氛的人，告訴他們克雷梅內茨基山脈（Kremenezki-Bergen）外面的世界有人搗蛋，正在發生不好的事。

這裡的美猶如童話仙境一般。如果有旅遊書寫到這裡，應該會用上「景色優美如畫」這樣的形容詞吧！這座小城位於相連的幾個樹林蓊鬱的坡地之中。眼前的美景提醒我，人類不是只有破壞，也有辦法打造出如此勝景。我著實沉醉其中。真是荒謬又可笑！竟然是因為一場醜惡的戰爭，我才得以認識烏克蘭這方美麗的土地。

我想在旅館還沒被戰火摧殘前，感受其中的氛圍。真是個神清氣爽的早晨！我想像著，克雷梅內茨周圍的山陵會守護這座小城，不讓俄羅斯人進入這裡的世界。我和母親通了電話。一有機會，母親就會把她自訂的晚上八點省電規則拋諸腦後，因為她不能沒有茱莉亞，就像我不能沒有媽媽一樣。她鼓勵我到利沃夫去，即便我沒有期待聽到別的。但是真聽母親這麼說，還是讓我鬆了一口氣。母親啊！妳可知道我有多愛妳！

我用了幾分鐘時間，上網讀了些關於這座小城的資訊。根據我讀到的內容，這座城市的名字是從克雷梅內茨基山脈蘊藏大量燧石礦來的。在波蘭語中，「克雷米恩」（Krzemień）就是可用來作為打火石的燧石的意思。五百年前，一位波蘭國王迎娶了當時義大利舉足輕重的貴族斯佛札（Sforza）家族的一位公主。波蘭國王將克雷梅內茨堡送給這位義大利公主，而這位公主也因為這段婚姻成為波蘭皇后及立陶宛大公夫人。

感受到幸福是多美好的事。我們用了頗長的時間享用早餐。博丹也很享受這旅館和這個地方帶來的片刻安寧和安全感。我多希望自己現在是來度假的人，有充裕的時間，能以悠閒、平靜的心情和興致來發現這裡的一切，只是時間漸漸催促了起來。我告訴自己，一定要再訪克雷梅內茨，來這裡著名的修道院參觀、來健行、來深入了解傳說中精通黑魔法的皇后藏了一件神奇寶物的故事，而且，我當然也會找到這件寶物。光是這些原因，我們就不能輸掉這場戰爭。我們也不會輸。如果真的發生了，那就太不公平了。如果普丁真的奪走了我們的家鄉，那我們就成了一群被世界歷史背叛的人了。

不過現在該是結束童話國度的參訪行程，繼續出發的時候了。我的心情變得有點沉重。為什麼我以前從來沒來過這裡？為何我要臨到這種最後時刻才來到這個地方？為什麼我們往往要到時間太遲了，或失去某樣東西時才想到要珍惜它？我安慰自己，總有一天會再到這裡來，而且我發誓，有一天我要寫一本旅遊指南，裡面一定會為克雷梅內茨和周邊地區保留一塊重要版面。

陽光閃耀。可能是戰爭結束了嗎？我希望這樣世界和平的美夢可以在我腦子裡停留久一點，所以我不讀訊息，而是一個人靜靜地待著，出神地望著窗外。沿著前方的道路伸展開來的美好景色裡，看得到田地、溪流、山谷、丘陵、小山和可愛的村莊。大自然比我們人類堅強多了。它有著戰爭也無法摧折的韌性與意志力。就是被炸彈破壞的森林也不會死去，它們會耐心等候重新萌芽的好時機。

一路上我們甚至笑出來，我們沿途不斷看到有些路牌被塗上黑漆，改畫上錯誤的方向或是標示了不存在的城市名，有些路牌從地上被拔了出來。這樣做的目的都是在誤導俄軍。我想，那些軍人應該不能打開手機查看谷歌地圖。我希望，烏克蘭的這一方淨土至少能完好保留下來。

我們順利前進，甚至在一個小時後就開上高速公路了，高速公路上很空曠，令人感到非常驚訝。不知過了多久，我決定讓現實回到我的人生，於是又用起了手機。在童話國度的短暫行程太過美好，美好到令人難以置信那曾是真實的存在——而現在恐怖又出現了。或，更確切的說：它未曾離開過。我父母住的村子裡已經有幾座屋舍被毀，其中一座屋舍據說所有人是一位男性，他曾用手機向烏克蘭軍方通報俄軍所在地。俄羅斯軍人燒掉他的房子作為懲罰。

薇卡也沒漏掉這條可怕的消息。她很絕望，真的陷入恐慌。她很怕戰爭會到文尼察找上她和她的家人。她不想帶著幼兒到德國去。但現在夫拉德要被送到他在德國北萊茵西法倫州的祖母那裡去。我們為此激烈地吵了一架。薇卡怪我，沒有及時讓他們知道我離開的消息，說我應該帶著我外甥一起到利沃夫。但是真要那樣做，當時也應該讓我知道夫拉德要到他祖母那裡去啊！薇卡自己沒有足夠的汽油可以讓她開車到邊境再折返。我請她不要把所有的憤怒發洩在我身上：「保持冷靜，我們會找到辦法的。」

我需要透透氣。在這個烏克蘭人從未像這幾天這樣團結、互相扶持的時刻——我們家人間卻在吵架。

在我們這趟旅程的最後，發生了一件應該要記在日記本上的事。我很欽佩那些志工，由於他們自動自發的協助，讓烏克蘭不至於陷入恐慌和混亂之中。許多年輕人上街為路過的人提供餐食和熱飲。接近利沃夫前，我們停在其中一個這一路上數不清的管制站。一位年輕女性給了我們罌粟籽麵包、餅乾和蘋果。「非常謝謝。不過我們沒有小孩。」我這樣說，因為我以為這些物資是為未成年的男童和女童準備的。只聽她滿是慈愛地回答：「沒關係，他們會有的。您就收下這些蘋果和餅乾吧！」我好感動，恨不得能下車抱抱這些志工。因為她的行動就是烏克蘭人之所以為烏克蘭人的原因：和善、團結、有人情味、愛，以及對未來有著許多兒童存在的希望。不過，為了不引起騷動，我還是留在車內坐著，只能在心底深深地感謝。

成功了！我們終於抵達這一趟路的目的地。

利沃夫我很熟。利沃夫是烏克蘭最美的城市之一。這裡匯聚了各種流派的藝術與人文景觀。如果有人用「動盪的過去」來形容一個城市，那麼說的就是利沃夫。「動盪」這個詞在這裡要從字面上去理解：利沃夫在成為烏克蘭的一部分前，曾經歸屬於波蘭、奧地利，然後又回到波蘭，接著又劃入蘇聯。幾個民族的多元文化共存，是利沃夫幾百年來的傳統。

唐雅和娜塔莉熱情地迎接我們。我們都如釋重負，開心地抱在一起。就連娜塔莉的狗兒來福，也很高興我們的到來。我已經不是第一次想到這一天了：生命可以多麼美好！我們一起用餐。我們共享美好的幸福時光。我們名符其實是個有活力的小團體。我們談天、說笑，為此時此刻感到開心，暫時忘卻對戰爭的恐懼，即使戰爭離利沃夫其實只有幾百公里遠。

原來一切可以如此美好……只是又要面臨一次離別。博丹要回去了——而我要留下來。我又要和一個我愛的人分開。我陪博丹走回放車子的地方。在擁抱彼此前，我們又說了幾句話，接著他就開走了。我站在車後看著他離去，看著他消失在我的生命中。親愛的博丹，你可要平安到家！再也看不到車子時，我這麼在心裡喊著。有那麼幾秒鐘時間，我像扎根街頭一樣定在街邊，我必須努力自持才有辦法回過神，我努力克制自己的情緒，並輕聲地對自己說：「我們大家都會再相見的！一定！」

唐雅和娜塔莉又是勸又是保證地對我說，一切都會變好的。但我到這時都還不敢相信，我人已經在利沃夫這個允諾我安全的城市了。

這時已經很晚了。我還要做一件事。連日來，我一直壓抑著，不讓自己寫下我對自己的俄羅斯友人有多失望的想法。因為把這些想法用白紙黑字寫下來，讓我感到心痛。但今天安娜（非真名，名字已經過變更）用 WhatsApp 發來一則訊息，裡面的內容讓我沒有其他選擇。幾個認識的俄羅斯人問起我的情況——可惜這些探問的人，都不是平時被我認定是朋友的人。就像安娜，開打都十天了才想起來和我連絡。

「嗨！茱莉亞，這幾天情況不太好。現在情況有點複雜。」她寫說，她在考慮出國工作，可能是到德國找個「更好的工作」。她又寫道：「妳有什麼建議嗎？還有，妳好嗎？妳現在在做什麼？又在哪裡？」

話說，「情況不太好」我已經知道了，高貴的安娜小姐。但她想到的不是烏克蘭的情況，而是她那可惡的俄羅斯，還有她的工作、她的錢財、她的逛街行程。顯然因為一連串制裁措施的影響，已經讓她的生活不再那麼舒服了。她寫到最後才想到問起我的情況。而且也只問起「我」的情況！就好像我是唯一一個住在烏克蘭的人一樣！沒有一句惋惜、歉意，也沒有對這場該由她的總統承擔責任的武力攻擊進行批判。我只怕，安娜不知道我們這裡正在發生的事。我們烏克蘭人現在不會去想到工作、旅行和逛街購物。對我們來說，當前的情況關乎赤裸裸的活命。但糟糕的是：我很肯定，如果不是她突然冒出想到德國的「想法」，她不會發訊息跟我聯絡。這才是整件事令人感到悲哀的事實。

我想了幾個小時，該怎麼回應她。我決定要向她說清楚，我從二月二十四日清晨以來的經歷，以及在發自地獄的聲響中醒來是什麼感覺，每天為所愛的人擔心害怕又是什麼感受。我還要讓她知道，和死神賽跑、捨棄原來的生活日常、看著原本熟悉的景色冒出一大片如黑影般的煙霧、整夜睡在不舒服的氣墊床上、聽到空襲警報就感到驚恐……都是怎樣的感受。還有，得知俄羅斯坦克車停在自己長大、而且自己父母還住在裡面的房子前是多恐怖的感覺。她該想想，如果是她遇到這些情況，她怎麼面對，再來思考我現在可能的處境。或許這些思考會讓她比較理解我。但我不認為她能從中體會到一些什麼。許多俄羅斯人高傲又自大，只想到自己。至於我們烏克蘭人發生什麼事，他們漠不關心。我想，這些人之中也有些人是我的朋友。這讓我想到，我在德國時聽到有句話說：「有這樣的朋友，就不需要敵人了。」這句話還真說對了！

現在想來，在我回覆安娜的訊息前等上幾個小時是件好事，因為這樣我的氣就消去大半了。今天，在這樣平靜而美好的一天之後，我想，我已經夠強大，可以坦然地說出全部的實話而不會情緒崩潰了。我要跟安娜說清楚、講明白，讓她知道我在想什麼，而且我會有人情味、不帶挖苦語氣地說出來。但我也不會壓抑我自己的情緒，如果我的聲音顫抖，就讓它顫抖吧！如果我想哭，我也會哭出來！

晚餐後，我走到唐雅公寓的陽台上，給安娜留了長達五分鐘的語音訊息，內容大致說出過去十天我經歷過的事。我的留言以下面這段話結束了這次對話：

「真是可怕！我坐在這裡，不知道接下來會發生什麼事，不知道明天我要做什麼。我們國內正在發生真正的戰爭。相對於你們，我不怕大聲說出戰爭這個詞。我不知道，妳從你們那裡的電視中都聽到什麼，也不清楚妳個人相信什麼。不過接下來，讓我告訴妳我個人的經驗，讓妳知道我們這裡又發生了什麼事。和許多其他在俄羅斯佔領區下生活的人一樣，現在我父母都很害怕地待在暗無天日的屋子裡。在街道上行進的是你們的軍人和你們的坦克車。我非常害怕。事實是，我說我很安全不代表一切都沒問題。我現在完全沒法去想什麼工作或是正常生活這些事了。我的生活在過去十天裡面發生了天翻地覆的變化。結果，妳還問我關於到國外工作的事情？我現在只希望一切盡快結束，希望俄軍盡快消失在我們的國土上。現在這裡發生的事，只會想讓我罵出髒話！我現在住在朋友這裡，我不清楚還能留在這裡多久，不知道明天還會發生什麼事。這就是我的真實情況。所有我的人生規劃和夢想都在一夕之間出現變化。現在的我，除了思考我的家人和我自己如何活下來，別的都沒法想。現在妳可以自己想想，我過得到底好不好。」

她回覆：「親愛的，妳可一定要撐下去。我真希望這一切盡快結束。對於未來會怎樣，我不再有盼望了。我們這裡每天都有些店家關門倒閉。我們沒有言論自由。只看得到處處懸掛著標語：『對戰爭說不！』」

要「撐下去」的不是我而已，是我們、整個烏克蘭都要「撐下去」。我這樣想著。然後我結束了這段稱不上友情的關係。

深夜，我收到博丹發來一則訊息。他說，他現在在一個管制站前方大排長龍的車陣裡。車子裡都是剛把家人帶到邊境，正要折返的男人。他會睡在車裡。這樣比較安全。

我痛恨戰爭！

03 / 06

入侵第十一天

昨天我可讓我內心那把怒火見識到，它是不能為所欲為的。我控制住怒火。天已經亮了，這代表我一夜好眠。我已經連續兩個夜晚沒聽到惱人的警報聲，也無須思考衝進地下室是否是明智之舉。我在利沃夫。我很安全。真好！

親愛的唐雅，早安！親愛的娜塔莉，早安！我能住在妳們這裡是件多美好的事！有妳們在我身邊是多美好的事！這一天開始了。但我想，這是妳們都知道的事！

這座城市在屋外繼續原本的生活，沒有戰爭的痕跡。無論是女性或男性，這座城市為所有人提供許多機會。在下個街角，或頂多再過一個街角，就會有香醇的咖啡和美味糕點吸引你前來享用早餐。散個步走過堪稱利沃夫心臟的老城區如何？如果你願意，還可以在回程時讓自己或讓自家狗兒去修剪一下毛髮。或是進到一家餐廳吃點美食。可以做的事很多，甚至在戰爭期間也不例外。只要離炸彈夠遠。

但上述那些事沒一件是我想做的，我留在公寓裡。陰鬱的心情再度佔據了我整個人，又開始讓我什麼事都做不了。我感到內疚，因為我應該很安全。但是幾百公里外，有成千上萬人正在為自己能否活下來而怕到發抖。他們可能在努力逃命，或守在地下室、地鐵坑道裡，或是正在告別。死神在我的國家到處流竄的時候，難道我還能靜享咖啡和可頌麵包的美味嗎？我痛惡戰爭讓我陷入如此境地。我當時就住在基輔，而不是馬里烏波爾、哈爾基夫（Charkiw）或烏克蘭東部某處，著實只是運氣比較好而已。此刻，我姊姊不時憂心她幼小女兒的安危，而我的父母沒有電、沒瓦斯和暖氣可用，而且不知道自家的房子是否還在。這種時候，我還能獨享這麼多好運嗎？

戰爭是唯一的悖論。我慶幸自己很安全，即便這種安全只是假象。然而，我離基輔和我的故鄉越遠，我的良心就越不安，也越傷心，為所愛之人的擔心害怕也越嚴重。我只有那麼一天感到些許快樂。現在我為此自責，怪自己的好運比別人多一點，逃出戰事的瘋狂。責任再度落在我軟弱的肩膀上，在我完全不知道該負什麼責任、不知道如何反制時，就把我往下拉、往下壓。我無法改變這個世界或烏克蘭的狀態，甚至無法改變我自己的處境。我只能來什麼、接受什麼。

孤獨讓人心痛。更因為唐雅和娜塔莉都在我身邊、也對我很好，情況更糟。她們知道我的痛苦，了解經歷許多告別的傷心和我的害怕。

如果現在能和母親通電話，應該能有所幫助。但我就是聯絡不上他。如果不是母親的手機關機了，就是線路有問題。

如果我有任何規畫，至少還能填補我內心的空虛。只是，除了「無論如何活下來、無論如何撐下去」之外，我沒有其他規劃。我已經和柏林來的一位記者談過。對方問我是否有寫日記的習慣，並問我，可能的話，是否願意將我的日記出版成書。他表示，他會在翻譯成德文的部分提供協助。如果能夠說出戰爭的可怕，這至少是為我的國家服務的一種方式、一個機會。或許我能以文字的力量戰勝我的無力感。

我們的談話進行得很順利。我想，他是認真的。我信任他，而他也相信我。或許我們找得到出版社。

博丹花了十二個鐘頭才回到切爾卡希。真是太辛苦了！而且就只是為了帶我來到利沃夫而已。

安東的表哥沙夏自願加入特種部隊「亞述營」（Asow-Regiment）擔任志工的工作（不是戰士）。有傳言說，這支部隊裡的戰士都是納粹份子。沙夏不是納粹份子。他只是愛國。如此而已。

我含淚看著幾百個絕望的人逃離伊爾平大橋的照片。照片上的每一個人都像一根根刺在我心頭上的刺。有爸爸、媽媽牽著孩子的手，或把孩子抱在手上。有些人還帶著嬰兒車，有些人則帶上寵物。有行動不便的長者，蜷曲在小推車上被人推著前進。許多人在哭泣，因為還有親人想留在伊爾平。我們的將士盡力協助人群。他們救出受傷的人，把他們送往醫院。俄軍全然沒有罷手的意思，繼續無情地開槍，射中那些想逃跑的人。有不少傷患的照片，全部都是平民老百姓。無辜的人平白被殺害。是普丁這個才是納粹黨徒的人，讓那些他要從「納粹份子」手中解放出來的人遭到殺害。只因為我們烏克蘭人沒有手捧鮮花歡迎他的軍隊，而是罵著「滾出去！」，他就讓他的軍隊殺我們滅口。為什麼軍人要向平民百姓開槍？他們必定知曉，這樣會殺害到兒童和年長者。為何俄羅斯不願意踏進二十一世紀？不願意加入文明世界？為何這個可惡的國家只會用暴力說話？為何普丁要說謊呢？

閃電戰？我認識這個名詞是因為希特勒和第二次世界大戰。普丁希望，烏克蘭被雷電擊中，他想消滅我們。幸好我們的避雷針更強大。我們的軍隊正在成就偉大的事。我為我國的將士英雄們感到驕傲！而且充滿感激。但我也感到傷心，每當我看到我軍將士，他們明明有權活著，現在卻要凝視死亡。如今，年輕人捨棄了在酒吧談天說地、進舞廳跳舞、探索大自然和遙遠的國度、談戀愛、結婚、生子的機會，在閃電戰中學習如何防衛、掩護、隱藏、偽裝、攻擊和殺戮。他們都是自動自發這麼做的，而且在我看來，他們也樂意追隨這樣的選擇。我感到心安的是，知道有好幾萬男男女女守護著我們、保衛我們的國家、捍衛我們的自由，隨時願意為烏克蘭而死。如果我能夠，我想送給個人一朵紅玫瑰。但我沒辦法。真是抱歉。我在利沃夫，陷落在我的無力感之中。

我又把手機握在手裡不放。媽媽！給我個訊息，好讓我內心平靜一點……

03 / 07

入侵第十二天

三個人和一條狗，同住在一間大套房裡。只要願意，一切都行得通。我睡在廚房裡面，一張可以組裝成床鋪的沙發上。娜塔莉是心理學家，幸好。在這種時候，有個朋友可以看到別人的靈魂，並解說為何有人行善、有人行惡，還真不是件壞事。她總是能讓我們安心，並鼓勵我們要相信有美好的未來。她會告訴我們絕不要去想關於末日的事。唐雅比我更情緒化，也更緊張。她一直說：「我祈求主，讓這場惡夢盡快結束。」娜塔莉認為，我們不該以暴制暴，我們應該反其道而行，向世界傳遞正向和光明的能量，這樣正向和光明的力量才會加倍回到我們自己身上，打倒邪惡。聽起來很美好，我也喜歡聽這些話，因為容易理解。可是，很多人說的「正向思考」對我來說就是很難做到！此外，這讓我覺得，好像在說：在烏克蘭西部這裡的人都特別勇敢，他們面對即將到來的敵人都不害怕。但是，這裡的人過去也只是從電視機和網路上知道戰爭是怎麼一回事。

今天星期幾？沒概念。我不知道，也不想查看。星期天？或是星期一？還是都不是，其實是星期三？都沒關係啦！就像所有烏克蘭人一樣，自從新的時間算法開始後，我現在只用入侵第幾天來數算日子。

我想到我的父母，不知他們是否安好？還希望他們不會像我擔心他們一樣，那麼為我擔心。好希望，可以盡快和媽媽通電話，聽到母親的聲音，總能令我感到安心。就像是用了能麻醉我的藥，能讓我忘卻周遭不開心的事一樣。幾分鐘也好。

一個在德國的朋友問我，我現在有什麼夢想嗎？他強調，他問的不是夜裡的夢，而是白天的夢想。我該怎麼回答呢？現在是作夢的時間嗎？我的家鄉、我的祖國正在發生戰爭。我堅信我們會贏。但這是我的夢想嗎？夢想表示事情有可能發生，而且人們也希望它發生，非常希望夢想的事成真，但是不確定是否真的會，不然就無需「夢想」了。但是我非常確定，我們一定會打勝戰。這不是夢想，而是肯定會發生的事。

有些人夢想飛到外太空，或是擁有一座在海邊的別墅。那我呢？我以前的夢想是什麼？自由自在地過上美好的生活、到處旅行，並且在基輔組成自己的小家庭。只是這個夢想現在離得有點遠。現在我有夢想嗎？有。可能吧！希望時間能倒轉，回到二月二十三日，然後像電影《今天暫時停止》（Täglich grüßt das Murmeltier）裡面演的一樣，每天以不同形式重新體驗新到來的這一天。對我來說，這樣就夠了。只要沒有戰爭，什麼都好！

所以我該如何回答這樣的問題呢？

我給那位朋友發了一段語音訊息。告訴他，我剛想到的事。

「我想念我在基輔的住處、想念我的房間，尤其是我那張超級舒服的床。如果現在能讓我躺上那張床睡一覺，我願意付出很多代價。就只要讓我的心能靜下來的睡上一覺，或是像德國人說的瞇盹兒一下，讓我可以做個好夢，不是夢到恐怖電影般的情節，而是我心甘情願參與其中的那種好夢。能睡著真是太好了。希望可以一覺睡上七或八個小時，早上起來神清氣爽地看著天花板，再慢慢起身，走進廚房，煮上一壺咖啡，舒服地享用它。然後對著法蘭，我跟你提過的貓兒子，說上幾句話，摸摸它——而且，這一切都不用擔心隨時會發生什麼事，不用害怕隨時可能被巨大的爆炸聲嚇到，也不用隨時要提醒自己去想：我的緊急避難包在哪裡？我常想起我的公寓。想著，不知道自己的住處是不是已經被炸掉了，裡面的一切，包含我的家具、我去旅行、去健行、我的少年時代的回憶，是不是都被炸毀了？我非常想念我的公寓，還有它曾經帶給我、如今希望它能再帶給我的安全感。」

已經兩天了，我還是一直沒有父母的消息。我無從得知他們的情況。這樣的一無所知折磨著我，因他們所在的地方現在被俄軍佔領了。我不知道他們為何不和我聯絡。到底是線路太差，或是手機沒電了又無法充電。可能吧……我都不知道！我還不想悲觀地在牆上畫上魔鬼，不想做最壞的打算。但是我做不到！離開我們村子的幾條路都被封鎖了。裡面的人無法離開村子。俄羅斯人把一切都封鎖了。他們到底該逃走？還是留下來？我不知道。因為這兩種方法都很危險。現在我會贊成留下來，只是無論如何絕不能離開室內。因為俄羅斯人人無差別地向平民老百姓開槍，對著那些他們心虛地以為是目睹他們打劫的人開槍。但是此刻我無法給我父母任何建議。想到這裡，我就更傷心了。

等待姊姊和父母的消息，是無比煎熬。我還沒收到他們發來的任何訊息。此刻我的人生似乎只圍著為我所愛的人擔心這件事轉。不時想著：他們到底都吃了什麼？他們吃得飽嗎？他們還能煮食嗎？如果我母親或父親重病或受傷了，該怎麼辦？俄羅斯人會讓前來支援的人進村子裡嗎？會讓他們送食物和醫療用品進村子裡嗎？那些俄國軍人守規矩嗎？得不到任何消息，都快把我逼瘋了！我人在安全的利沃夫，不斷想著當初沒有留在父母身邊、讓他們留在村子裡這樣的決定到底對不對。我該回去嗎？真希望他們都沒事，不然我無法原諒我自己。即使母親總是對我說：「茱莉亞，妳還年輕，妳該到安全的地方去。」我這才察覺到，自己有多愛自己的父母，才意識到，他們對我的意義原來如此深重。

這時我又收到一則在德國發出來的 WhatsApp 訊息。這次傳訊息來的是個懷有善意的友人。她想知道，我和我父母是否都好。問到，我的父母是否在布查。幸好，我父母不住在那裡（我們住的村子位置在布查、伊爾平和基輔之間。這些城市的名字近日在德國已經眾人皆知了）。這位熟人寫給我的內容，就跟那些不住在烏克蘭的人寫的一樣，認為情況必定很恐怖，是人都無法想像。是的，確實如此。即便是我，也覺得難以想像。

我回了這位女性友人的訊息，我寫道：「唉……最糟的是什麼都不知道、什麼都不清楚。」友人又回：「我相信。」——而我認為，她是真的相信！我想著，如果是我發出這些訊息、提出這些疑問會怎樣。我知道，這些 WhatsApp 的訊息都是好意，所以我感念每一則收到的訊息。但是我也知道，這些訊息都是無能為力的表示，表達出發出訊息的人對我的愛莫能助。來問我情況的人，在和平的氛圍中生活在自己家鄉，不用因為戰爭感到害怕。他們照常去上班，因為需要賺錢、因為要維持生活。發訊息來的那位友人要照顧幾個孩子、要上超市採買、洗衣、煮食、陪孩子做功課。我能感受到那些人的無力感，因為除了問我過得好不好，他們也無法再為我多做什麼，但同時他們也不想讓我覺得有壓迫感，徒增我的煩惱。而我想說說戰爭、我的父母、炸彈……

就算聽不到爆炸聲、看不見驚慌失措的人們，戰爭期間的生活還是殘酷的。不停琢磨那些晦暗的想法猶如某種殉道的儀式。我正面臨此時最重要的問題。而這個問題的壓迫也撕扯著我，那就是：我到底是在利沃夫逗留幾天，然後回到基輔去？還是該繼續西行，到俄羅斯飛彈炸不到的地方去？好幾個住在德國不同城市的朋友不約而同邀我過去。難以做出抉擇，令我感到折磨。我的心在這裡，為基輔跳動著。離開，或留下來？我腦袋裡的思緒飛快馳騁，每分每秒想的都是這個問題。我在腦海裡規畫了幾條路線，其中一條就是從利沃夫到波蘭，接著經過柏林到杜塞道夫。但下一秒我又馬上放棄所有這些想法，決定留在這裡，不讓我父母孤獨地留下來。沒錯！我要留在這裡！下一秒我又開始考慮西行的選項，想著到德國後，在那裡工作，可以寄錢回來給我父母。無論我人在利沃夫或在杜塞道夫，對於好壞我能幫忙的都一樣。所以，好吧！明天我就啟程往西前進。噢！不！還是不要了！因為我的父母和我的心都在這裡。我不能只是帶著一副人形軀殼上路，然後把我的心留在烏克蘭。不！我做得到！而且，我必須那樣做！此刻的我就像滾輪上的倉鼠一樣，不停地在滾輪裡面跑呀轉地，卻永遠到不了終點一樣。救命啊！在天上的主啊！如果祢真的存在，求祢幫助我做出正確的決定！

下午了。我必須出門，必須離開這個對我們三個朋友同住來說太小的公寓。出門去，散步。或許是我突然得到要做些什麼的靈感吧！

真是見鬼了！散步後，什麼都沒改變。好吧！至少我的腦袋接觸到一些新鮮空氣。回到公寓後，我打開筆電，滾動社群媒體的頁面、讀取訊息。只是沒有什麼可以令人寬心的消息，反而讓心情變得更沉重。普丁瘋了。他狂妄自大、好大喜功，以至於他的閃電戰術沒能得逞。即便如此，他還是堅稱，我們不能加入北大西洋公約組織。普丁堅持，我們要把克里米亞半島讓給俄羅斯，並且承認頓內次克和盧甘斯克這兩個「人民共和國」——我寫出這幾個字時，真是不得不笑出來！為什麼我們要照他說的做？不！他的要求，我們完全做不到！絕對不可能！

普丁是個腦子有病的變態。這樣一隻禽獸，我還能稱之為人嗎？我相信，他的人民都知道他闖了什麼禍。對此，他非常忌憚，所以他囚禁了數百名參與反戰遊行的年輕人。倘若普丁有必要做到這種地步，那就是他的末路到了。

終於來了個好消息。我們的總統宣布他會留在基輔，不會出逃外國。我的心為這個消息歡喜躍動。我很高興，我的一票投給了澤倫斯基，這麼一個如此堅強、可以讓我們依靠的人。他是一個能將四千多萬烏克蘭人緊緊維繫在一起的政治人物，他是一切都會很快好起來的希望的化身。

每天受到轟炸的畢拉澤克瓦再度受到攻擊。幸好，安東還留在斯拉維克家。和我的父母一樣，他的母親也親身經歷了俄軍佔領的那一刻。我們雖然相隔兩地，卻在驚懼與絕望中同心了。安東勇敢地與自己的無力感對抗。他在臉書和ＩＧ上發文表示，烏克蘭同胞可以搭他的車從基輔出發到畢拉澤克瓦。真是勇氣可嘉。因為此舉無異於願意為其他烏克蘭人冒上失去生命的危險。

到處都有死亡與犯罪。到處都是悲傷與哀慟。有報導說，畢拉澤克瓦一個孤兒院中的三十多名院童，已經超過一個星期時間一直待在地下室裡面用餐、玩耍和睡覺，期間都沒見過陽光了。成長過程中沒有父母的陪伴，難道這樣的負累還不夠沉重嗎？天啊！我們活在二十一世紀呀！而俄羅斯電視台上依舊播放著「要從納粹份子手中解放烏克蘭」的政治宣傳。縱使我能夠在這裡幾千幾百次地對這整起瘋狂行動表達我的憤怒，但那只是徒然耗損我的氣力。我還需要這些剩下來的精力來讓我做出決定。到杜塞道夫去嗎？是的！我去杜塞道夫。決定好了！就是明天！我就要出發了。

03 / 08

入侵第十三天

戰爭已經開打十三天了。恐怖的十三天、滿是淚水的十三天、逃命的十三天、瘋狂的十三天、害怕的十三天、求主悲憫的十三天。敬愛的主啊！讓這場戰爭結束吧！我仰天祈求，看到的卻是一個炮彈滿天飛的天空：炸彈、砲彈、手榴彈、子彈……都是些天上或人間不該有的魔物。我不想再待在這片天空底下，我必須離開這裡。

我的思緒只是繞著這場戰爭、逃命、去哪裡和如何繼續下去這幾個念頭轉。腦子裡想不到任何美好的事、想不到出任何可以感到開心的事，也想不到未來。我已經下定決心，我也為終於做出決定而感到慶幸。因為我的決定不只是為了逃離戰爭，更是為了重新賦予我的人生意義。但這樣的決定也令我感到難過，因為我就要離開烏克蘭了。而且就在今天。一個人獨行。沒有家人、沒有朋友、沒有貓兒子。不能保證我所做的決定是對還是錯。我也不清楚，我該如何到杜塞道夫，以及這趟路程要多久時間。

俄羅斯入侵烏克蘭的第十三天，就像入侵首日一樣，是個我永遠不會忘記的日子。

命運支持了我的計畫。終究，命運對我還是不錯的。有位唐雅和娜塔莉都認識的一個人把一張利沃夫到波蘭普瑟梅希（Przemyśl）的火車票讓給我，因為她自己無法成行。出發時間是下午一點五十五分。所以我有足夠時間可以打包我為數不多的東西，然後試著給母親打電話，再到火車站去。我用 WhatsApp 給薇卡發了訊息，問她是否已經聯絡上爸媽了。沒有，她回覆沒有聯絡上。不過她從社群媒體上的消息得知，目前已經有志工在安排我們村裡人的撤離事宜。至少還有這點可堪安慰的消息！

接著她發來一則讓我像被雷劈到的訊息。薇卡寫道：「妳爸來過電話。」我沒懂她的意思、指的是誰。或者應該說，是我不想懂。我回：「妳說的什麼意思？我爸？」薇卡很快回訊息，寫道：「亞歷山大．維克多羅維奇．索斯基是妳爸的名字，沒錯吧？這有什麼好不能理解的！」

我爸！真不敢相信！這可不是用 WhatsApp 的訊息就能講清楚的事了，於是我撥了電話給薇卡。那種感覺就像是他知道我今天就要離開烏克蘭，所以要冒出來一下，讓我可以生他的氣。我爸已經兩年沒和我聯絡了。我不知道他住在哪裡、整天都做些什麼。然後現在他不是打電話給我，而是打給薇卡，難道只是為了在國際婦女節這天跟我們姊妹倆說聲婦女節快樂嗎？我爸顯然精神不是那麼穩定，或者根本是瘋了。但他現在至少要知道烏克蘭正處於戰爭狀態吧？但另一方面，我還是很高興聽到他的消息，這樣就可以知道他還活著。這是現在最重要的事了。

這個話題就此打住。現在可不是挖出什麼駭人聽聞的家族歷史的時間。我還要去採買、洗漱，再到火車站去。我跟薇卡說，在抵達杜塞道夫前，我可能要經歷一段時間很長的旅途，而且不知道過程中會發生什麼事。「拜託，在我抵達德國前，什麼都別跟媽媽說。」薇卡答應會為我守口如瓶。

時間接近下午一點，在我揹上背包、提著我的小行李箱離開暫居的公寓前，我最後一次順了順娜塔莉的狗兒來福的毛。唐雅和娜塔莉開車送我到火車站。我們雖然很快就到目的地，兩位好友卻不得不讓我提前下車，因為通往火車站的馬路，離火車站還很遠就被封鎖了。我們簡短道別，就連我們的擁抱也顯得匆促草率。我們都還年輕，所以我們知道未來還有機會再見到面，不論是在這裡或在別的地方。

我自信地走向火車站。十分鐘就走到了，只見火車站前已經擠滿了一大群人，幾乎都是女性、兒童，還有幾隻貓、狗、天竺鼠之類的寵物。離我要搭乘班次的發車時間還有半個小時。這時我只感到，有一張票真好！進到火車站裡面，舉目所見也盡是人潮。我必須趕上我的火車班次！時間在流逝，時間越來越緊迫了。我奮力擠過人群，朝一位穿著亮橘色背心的女性工作人員走去。我想，她可以告訴我，前往普瑟梅希的火車從哪個月台出發。我不無驕傲地出示我的車票。她一臉同情地聳了聳肩，告訴我，現在從這站發車的只有兩條路線，左手邊是到波蘭的火車，右手邊是到邱普（Tschop，位於烏克蘭西部，前往匈牙利和斯洛伐克的邊境城市）。女性工作人員說：「您自己也看到了，這裡的情況就是這樣。排隊的人潮都排到外面的馬路上去了。現在搭車的人都不需要車票了。免費搭乘。」

噢！真糟！我這才意會過來，剛才在火車站前方時，我該讓那些排在我前面的人先行，而且我最好還要抱怨兩句：「嘿！各位！我有車票呢！先讓我過吧！不然我要錯過我的車班了！」但最後，我還是像其他人一樣保持沉默，只想著：「謝啦！好姊妹們！謝謝妳們幫我找到這張票啊！」當你只是幾萬或幾十萬逃命的人裡面的一員時，想點反話有助於緩解怒氣和接受事實。有多少人是孤伶伶的一個人在這裡、在這個火車站上？必定有上千人吧！只在今天！只在這一天！我在這裡體悟到一些過去無法理解的事情。戰爭在這裡有了不同的面向，不再是無以名狀、看不到的那種恐怖的面向。這個面向的戰爭觸手可及，在每張臉上都看得到，尤其是那些母親和各種年紀的大、中、小兒童，從他們空洞、疲憊和噙著淚水的雙眼中。他們之中有許多人是從烏克蘭東部過來的，已經連續趕路好幾個小時，從他們臉上的倦態、驚恐和憂煩就可以看得出來。

我拍下一張照片，並把照片發給幾個朋友看。我想讓收到照片的朋友知道這裡的情況，也為了讓我們之後還能記得曾經發生過的事。

我為自己打氣：「茱莉亞，妳要勇敢啊！妳都已經努力到了這裡，可不能現在放棄！妳沒有絕望的理由。」現在雖然擠了人，但沒有危險，不會被槍彈打到。這裡是利沃夫，不是基輔。我只需要像其他人一樣有耐心，然後再有點好運，進到火車上就好了。

雖然對自己這麼說，我的情緒還是很激動。月台的告示牌上沒有顯示任何時間、出發地、目的地、班次等資訊。我集中注意力，讓自己的情緒不要失控。要做到這樣一點也不容易。因為我可能等了幾個小時後，還是沒有位置可以上車。這樣的不確定令人感到不安。我不讓自己陷入那樣的不安之中，我想著，並且聽到唐雅和娜塔莉的公寓傳來的召喚聲：「來吧！我們在等著妳！」現在我只要轉過身，按門鈴，然後說出：「我又回來啦！」但是，那樣做對我有什麼好處呢？那樣的話，是否明天或後天我又必須重新再試一次同樣的事？然後還是一個人孤伶伶地站在火車站嗎？茱莉亞，妳繼續作夢吧！如果之後火車停運，怎麼辦呢？沒有人知道之後會怎樣。

我一次又一次試著取得前往普瑟梅希方法的相關資訊。完全沒意義！沒有人可以提供任何資訊。此刻的我除了跟著其他等候的人一起排隊，然後企盼隨時能登上前往波蘭的火車外，什麼也做不了。排隊的人潮以蝸牛行進的緩慢速度往前挪動，每次的進度就是幾公分而已。直到我走過車站大廳、走過地下道來到月台，已經不知道過了多久時間，但情況依舊不明朗。不時有志工帶來熱飲、三明治、點心和為孩子準備的果汁與餅乾。我沒有和任何人交談，當然也是因為我不知道可以和人聊些什麼。確實也沒什麼好議論的事。

離我幾公尺處，有一對高齡夫婦靠牆坐在小凳子上。老太太看起來了無生趣，或者是她根本已經沒有氣力了。老先生幾次試著要穿過人群走到志工那裡拿取些吃食，卻一次又一次沒能成功。因為人潮太擁擠，看到的人也很難靠邊讓出路來。再者，就我看來，也是因為自尊心讓老先生不願意向人提出協助。我走到老先生面前，從袋子裡拿出三明治遞給老先生。「這裡，請您收下吧！您更需要它，而且我還有。」老先生向我道謝，眼睛亮了起來，像個得到巧克力糖的孩童一樣。他問我從哪裡來。「基輔。」回答後，我回問道：「那您呢？」——「我們也是。」老先生答道。老太太一言不發地坐在他身邊。「妳一個人嗎？」我給了肯定的答案。「去安全一點的地方，對妳比較好。」老先生說著，又祝我好運。「謝謝您的祝福！」我說：「也祝兩位旅途平安！注意安全！」

天變冷了，我揹著背包的背痛了起來。時間又過了三個多小時，這時廣播傳來：「今日開往波蘭的火車已經停駛，下一個班次預計在午夜抵達。即將入站的是發自查爾基夫的撤離列車，還請各位旅客理解……」在我喘一口氣的同時，廣播又說：「有意前往波蘭的旅客，可以先搭乘火車到定點後換乘接駁巴士。接駁巴士車程十五至二十分鐘即可抵達邊境的舍尼鎮（Schehyni），再請各位旅客步行過境。」

人群裡傳出哀嘆、怨聲和咒罵聲，但沒有人暴怒咆嘯或出現失去理智的舉動。發生戰爭也不是鐵路公司的錯，他們已經盡力維持運作了。

現在我必須馬上決定，到底是要在原地等待午夜的火車，還是要踏上充滿未知數的旅程繼續前進。這時候已經是下午四點二十分了。我決定搭上開往波蘭方向的班車，即便我不知道這輛車到底會載我到哪裡，以及到時我又該如何進入波蘭，更別說是到杜塞道夫了。我並非唯一一個上火車的人。不過這火車，與其說是火車，更像是連結城郊和市區交通的通勤列車。火車開過莫肆提斯卡市（Mostyska）來到一個鄉下地方，車程一個半小時。我的智慧型手機快沒電了。我雖然帶了充電線，但車廂上沒有可供充電的插座。我想碰碰運氣，問了坐在對面的女孩，或許她剛好隨身帶了行動電源。對面的女孩果然正好有行動電源，也願意借給我用。我既鬆了一口氣，也非常感謝她的善意。至少我的手機可以充電了。

我們準時在傍晚六點抵達這輛火車的目的地。天色已經暗下來了。而我是到了這個終點站，才意識到原來剛才的火車有那麼多乘客。月台上很快就擠滿了人。舉目所見都是往火車站移動的人和行李。到邊境的接駁車要去哪裡搭？到處都沒看到什麼巴士。原來竟然沒有所謂的接駁巴士，我們在利沃夫接收到的是錯誤資訊。那現在呢？步行走過去嗎？但距離有多遠呢？一位員警出面說明了通往舍尼鎮境管站點的路徑。據他估算，如果我們現在走過去，最快半夜三點才會到那裡。他強烈建議我們不要走出人行步道的範圍，他說：

「不要走到大馬路上。」

現在到半夜三點，是八個多小時。要走這麼久嗎？噢！天啊！與其要我在冰冷的氣溫下和黑暗中辛苦地走上幾個小時，那我還不如再搭車回去找唐雅和娜塔莉。不過這個念頭比較是對安全感和溫情的期待與渴望，而不是認真在考慮行動。我做得到的！

人群慢慢移動起來。這景象真是嚇人。行進的人群中只有女性和兒童。噢！是呀！今天不就是國際婦女節嘛！我自己在心裡講了點玩笑話，同時訝異自己還沒有失去幽默感。有些母親拖著行李箱，手上還抱著小嬰兒或正在學走路的小小孩。也有些人隨身帶了家裡的寵物。我曾經看過伊爾平逃難照片上的畫面，如今就活生生呈現在我眼前。即使俄軍並未在這裡開槍或投擲炸彈，我還是親身見識了許多事。面對眼前這麼多不幸和苦難，真希望我能閉上雙眼。

不到三十分鐘，我們行進的隊伍就停了下來。我走在人群的最後。現在我終於理解到，為何我們要到深夜才能抵達波蘭，因為走到邊境應該還有好幾公里的路程要走，茱莉亞，要保持冷靜啊！妳做得到的！絕不輕言放棄！

我們站起身來。人龍往前推進了幾公尺，就又停下來。每次前進總是只有兩三步距離，甚至經常發生好幾分鐘停在原地不動的情況。行李箱提起、又放下，一下用左手提、一下又換到右手上。我的背越來越痛了。背上的背包還裝了筆電、相機和鏡頭，果然是頗有重量。這條通往邊境的路和我的思考幾乎無窮無盡地往前延伸。我甚至一度希望自己是留在沃澤爾，而不是來到這裡。這樣的話雖然會有危險，但至少可以和家人待在一起。

看到那麼多小孩被迫經歷如此殘酷的夜晚，我的心在淌血。氣溫越來越低，已經降到零下五度了。只有動起來才能禦寒。但是整隊人群又他媽的停了下來！這裡沒有分派飲用水、熱飲、麵包和餅乾的志工。我不再回覆 WhatsApp 上傳來的訊息。因為我不想再摘下手套，用凍僵了的手指滑寫著我現在的情況、我在哪裡，以及我到德國的計畫。反正現在我也無法回答任何問題。我正為邁出的每一步努力著，還要邊咒罵著剛飄下來的雪。現在我只希望自己不要失去理智，不要陷入恐慌。

不知走了多久，我隨著人群走過一塊路標上面寫著「通往普瑟梅希」。普瑟梅希？不就是我原本車票要去的目的地嗎？路標上還寫著：「十五公里」。有人說，幸與不幸完全是看事情角度的問題。或許吧！在行進的隊伍接近舍尼鎮時，我聽到後方有個女人正和在德國的朋友通話，內容是和對方約定過了邊境後的碰面地點。聽來這位女士會有人來接她到漢堡去。我問她，來接她的車上會不會碰巧還有空位。有，還有一個人的空位。而且，他們願意帶上我。真是天大的好運啊！感謝神！

我們在午夜時分抵達舍尼鎮。現在只差進到波蘭的梅蒂卡鎮（Medyka）了。這段路平時步行不用半小時就到了。只是現在移動的速度和先前一樣。又過了一個小時的停停走走後，我覺得自己不再是自己了，而是站在我旁邊的他者。就好像在這裡的不是我，好像正在經歷這一切的不是我，而是我剛好正在看著的一個陌生人。那是一種介於半夢半醒、介於現實與夢境、在關切與漠然之間的狀態。我覺得自己更像機器，而不是人。兩國的境管站點之間有個咖啡棧，我直接視若無睹地走過去。現在我一點也不想浪費時間。機器是不用吃喝的！

凌晨四點我抵達了。疲憊不堪，再加上背部痠痛。我連歡欣起舞的氣力都沒有了。我要先讓自己的身子暖和起來。和我同車的幾個女人已經在那裡了。還有許多人帶著孩子，尤其是那些帶著小小孩的人，在我之後才到。有些人因為先前的辛勞和疼痛哭了出來，也有人是喜極而泣。我應該是後者。我很堅強，而且我做了正確的決定。

國際婦女節這一天過完了！恭喜妳，茱莉亞！

03 / 09

入侵第十四天

就在剛才，我「啪！」的一聲把辭呈丟在普丁腳下。我辭演那部恐怖片的演出。從第十四集開始，這部恐怖片就要在沒有我的情況下繼續拍攝。我在波蘭了，在北約範圍內。我離開戰區，我做到了！包含在我之前和之後的許多人，我們都做到了！帶著或沒帶小孩同行的女人紛紛離開了境管站點。

另一邊是我的家鄉烏克蘭，是我剛離開的烏克蘭，雖然我深愛著那片土地。我還能看到烏克蘭。烏克蘭明明近在眼前，而如今在我心裡的距離又是那麼遙遠。我一則以喜、一則以憂，倍感空虛，身心俱疲。

過了波蘭這一邊的境管站點有個咖啡店，我可以在那裡暖暖身子。今天就只有唯一一個心願了：那就是：睡覺，而且最好能讓我睡上一整天。還有，拜託！我希望能在一個有床又溫暖的房間，我不想再睡在氣墊床上，也不要睡在老舊的沙發上。

剛才路上攀談的女人果然信守承諾，讓我搭上他們的小巴士一起到漢堡去。而且在車上有位置坐。感謝主的恩賜！能坐下來真是太好了。車上一共有八個人。對了，還有一條名叫皮可的狗。輪流開車的是一個德國人和一個波蘭人，真是兩個好人。另外兩個女人都帶著自己的孩子，是兩個男孩和一個女孩。他們都是從總統澤倫斯基的出生地克里沃羅格市（Krywyj Rih）來的。

因為上車不久我就睡著了，而且睡得很沉，所以幾乎沒怎麼感受到路途顛簸。再醒來時，我想，我們已經快到漢堡了。這樣想來，我們應該已經上路很久了。但時間是早上八點，也就是才剛過了三個小時。其他人也都還在睡覺。不知何時，整輛車裡的人突然都像被喚醒一樣，開始出現熱鬧的交談聲。我們和彼此聊到過去的美好時光。對我而言，我說的是在基輔的那些時候，而另外兩個女人則是講起她們在克裡沃羅格市的美好回憶。交談過程中我得知，其中一個女人的女兒和另一個女人的兒子都在基輔讀大學，而且這兩個孩子是一對情侶。兩家的母親因此而結識。當然我們也聊到要回去重建烏克蘭的事。車內原本陰鬱的氣氛得到紓解，彷彿頓時海闊天空了起來。大家笑得很開心。到底要發生什麼事才會讓烏克蘭人失去幽默感呢？我想，大概到了世界末日，烏克蘭人都還能說笑吧！

皮可很快就認我這個朋友。牠趴到我的大腿上，還讓我輕撫著牠。牠喜歡我，我也喜歡牠。心平氣和地輕輕撓著小狗，讓我有種回到正常生活的感覺。單純地沉浸於做某件事，腦子裡不想別的事，那種感覺真是太棒了！即使此刻我只是在拍撫著一隻狗。

車行經過一片還覆蓋著白雪的田野。看不到衝天濃煙，哪裡都沒有。坐在車子裡面，不用擔心隨時會有炸彈落在車頂上，情緒上的感受真是太不同了！但此刻我不想要想到戰爭的事，我不想拿這裡和那裡做比較，因為這樣做無濟於事。我只想一個人靜靜地待著，想想哪天和平再臨時的美好未來。

我想起在家鄉、我所愛的幾個人。我想給他們打電話或是發送簡訊，可惜我的手機現在一點訊號也沒有。

時間過得很快。或許是因為想到睡覺的床，才讓時間如此飛逝。車子一公里接著一公里地趕路。我們在一個休息站停下來解決午餐問題。這裡的一切是那麼正常，正常到令人懷疑是否是真的。在經歷過兩個星期的戰場實境後，正常生活反而變得有點超現實。兩位駕駛替我們付了餐費。這幾天裡，我的內心常常滿溢深深的感謝。我有資格享受這麼多好運嗎？當然了！否則上主應該會把座位給其他人了吧！

餐廳裡面有網路。我先讓瑪莎知道，如果一切順利的話，我今夜就會到杜塞道夫。然後我分別寫了訊息給安東、薇卡和博丹，告訴他們，我順利到德國了。我很快看了新聞。看到馬里烏波爾有一所產科醫院遭到俄軍轟炸的消息。我迅速把這則新聞按掉。不！今天我不要讓戰爭相關的消息影響到我的心情！

時間接近晚上七點。我們終於抵達漢堡。車子停在漢堡火車總站，眾人和彼此道別，像是認識多年的好朋友一樣。其中一位駕駛帶我到我要搭的班次停靠的月台。我抱了抱他，感謝他如此珍貴的協助。

離發車時間還有一個小時。在等火車站這件事情上，如今我已經是真正的專家了。我坐在長凳上，鍛鍊我的耐心。電池沒電了，所以我的手機是關機狀態。現在我又得孤伶伶一個人面對紛雜的思緒和一整身的疲憊，連我都覺得自己很陌生。我看向其他乘客，有外國淵源的人，或德國當地人、喝醉酒的人、遊民、失意的人和成功人士、幸與不幸的人、窮人與富人。我希望這些人都能珍惜和平的生活。

漢堡是我逃離烏克蘭戰區的最後一站，接著我要到終點站，杜塞道夫。我強烈反對把自己視為難民。我知道，這有多荒謬，但這是我還能為自己做的最後一件事了：我堅持以自己的力量活下去。我不要任何國家援助我，是因為我的國家正在受到侵略。我德語能力很好，我要工作養活自己。就像德國人說的那樣，用自己的雙腳立足於世。再說，我看起來夠歐洲人的樣子，不至於被認為是難民。就這點上而言，至少可以為我省下一些同情的眼光。我不需要無謂的同情，烏克蘭也不需要憐憫，有武器是更重要的事。

午夜時分終於等到我可以上車了。在火車上，我有機會為手機充電，這樣我抵達後就能通知瑪莎。她住的地方離火車站只要五分鐘。嗨！杜塞道夫，我又來了！只是我不要自己痛哭失聲，畢竟我已經流了夠多的眼淚。我認得所有的街道、房子、商店、甚至書報攤。我意識到，自己以前曾經在這裡居住過是一件多美好的事。有許多熟悉的事物，會讓一切更順利。到了這裡我就不是陌生人了。讓我更開心的是，我在杜塞道夫還有瑪莎和其他親近的好朋友。我能信任他們、他們也理解我。令我開心的當然還有，我有個可以遮風避雨的地方這件事。這樣我終於可以睡上一覺了。

03 / 10

入侵第十五天

我發了訊息告訴薇卡，我已經安全到達瑪莎家了。然後我才終於可以倒在一張剛鋪好床被單的床上，隨即沉沉入睡。我已經可以控制心中的怒火了，現在沒有恐懼就更好睡了。我睡呀睡地，足足睡滿十四個小時。期間沒有什麼能把我叫醒。鬧鐘做不到、瑪莎不行、她的幾個室友不行、屋外市街上的嘈雜交通不行、對街菜販每天清晨接收鮮貨的動靜也不行。

當我睜開雙眼時，我慶幸這世界一切正常、簡單、美好、良善、和平、平靜、令人安心。瑪莎把門開出一條縫，窺看我醒來沒。接著她走進房裡，用一聲輕盈愉快的「早安！」和我打招呼。雖然時間已經是剛過午不久的午後。她問我有沒有睡好。當然了！因為我在妳這裡了，瑪莎！

幾天前，當我問瑪莎是否能去找她時，她只回了：「當然了！妳就過來住下吧！愛住多久隨便妳。」

我很熟悉這間公寓，因為以前我就是和瑪莎一起住在這裡。現在這裡住了四個人。噢！不！是五口了。四個女人和一隻叫路易的公貓。我們烏克蘭人還真是不能沒有寵物啊！另外兩位室友是從喬治亞來的。她們親切地接納我的入住，我們都有相同的煩惱。當年普丁派兵入侵喬治亞時，她們已經領教過普丁好戰的作風了。兩個喬治亞女孩雖然會說俄語，卻拒絕使用那個語言。與我和瑪莎交談時，她們只說德語。

不知是好習慣還是壞習慣，反正我馬上打開手機。我問薇卡，目前爸媽的撤離情況如何。我問她，他們兩人是否終於願意撤出我們村子了。「他們是終於願意離開了，」我姊回覆道：「但現在完全沒有可用的交通工具。」我激憤地寫回去：「什麼意思？沒有把人載出村子的巴士嗎？這意思是要他們用走的走出去，然後在路邊隨意攔車嗎？」這是要人穿過戰火，想辦法攔路去搭便車嗎？現在竟然輪到我這個在德國、不清楚現場狀況的人在給建議了。

薇卡寫到：「昨天他們兩人真的站到屋子附近的街道上了。沒有人停下車來。盧芭（與我們交好的一位鄰居）把加滿油的車子停在屋外供人使用。她自己和孩子搭另一輛車離開。媽媽和爸爸也都知道盧芭把車子的鑰匙放在哪裡，但就在他們還在猶豫時，就有人把車子開走了。」

我一時說不出話來。那現在怎麼辦？薇卡也不知道該怎麼辦。我建議薇卡，用Telegram或是臉書這些即時通訊軟體或到社群媒體上詢問看看。但薇卡說她早就做了，都沒得到回應。問題是，俄羅斯人會讓烏克蘭人通過他們的管制哨站嗎？「有可能，只要運氣好，並且按照俄羅斯人要求的那樣做。要用白色字體標明車上是平民百姓，或用一個標牌寫上兒童幾個字，然後降下車窗，再慢慢開過去。最重要的是，除了開車的人以外，其他車上的所有人都必須低著頭。因為那些傢伙隨時想開槍就開槍。」讀完這段訊息後，我回道：「可惡！我們現在怎麼辦？或許不是全部鄰居都已經走了，可能還有人能帶他們一起離開？」

二十分鐘後，我收到薇卡寫來：「他們離開了，媽媽上路了。晚點我打給妳，我家小寶剛醒。」

知道父母都安全了，真是上天的恩典。此刻我是如此開心。這種開心的程度，過去未曾有過，未來也可能不會再有。從現在開始，那份輕鬆自在又重新回到我的生命中了。

我用了很長的時間享用遲來的早餐，我特別喜歡其中的咖啡。我們散步去吧！我喜歡杜塞道夫，這城市親切又可愛。到處飄揚著象徵與我的祖國站在一起的藍黃旗幟。我訝異到處都能聽到烏克蘭語，不過，也因此讓初來乍到的我更感到些許放心。我不斷被內心的渴望，有時也被那份悲傷攪亂心緒。我能理解，大抵是因為我必須從頭開始。我沒有住的地方、沒有工作、沒什麼個人物品。那麼多我所愛的東西都還在烏克蘭。這裡有的，暫且就只有未卜的前途了。

路易是隻有著鬆軟長毛的貓。我想，我們會變成好朋友的。但其實暗地裡，我又希望牠能和法蘭調換一下。不過我不會讓牠知道我有這個想法，我可不想惹毛牠。再且，真到那時恐怕瑪莎也會對我不滿吧！據沃澤爾傳來的消息，法蘭很好。俗話說得好，心態總要隨時順應環境調整。牠在新家還總是處在焦慮的狀態。說的也是，怎麼能要求動物和人有不一樣的反應呢？

在我又開始無數次想到，自己是否真的能接受如今的好運來到這裡時，我只能鄭重地制止自己繼續想下去，並告訴自己：「現在這樣很好。」我又是一個「人」了。我會教那些和我一樣為了躲避戰火逃出國的烏克蘭人德語，讓他們在此站穩腳跟。我也會發表我的日記，並且希望我的日記能讓很多人讀到。

手機顯示有新的訊息，是沃澤爾一位好友傳來的。她的訊息讓我全身起雞皮疙瘩：

「我們還活著。」

03 / 11

入侵第十六天

能在一夜好眠後醒來，真是一件幸事，特別是因為這天將會很有德國感。我必須填寫許多表格，要說明這個、解釋那個，要到這一所、那一廳進行各種登記，還真是腦力挑戰啊！如果以我這次面對那些要填寫的文件作為衡量變化的標準來看，德國還真是一點都沒改變：一切都要精準、確實地交代清楚。

哎呀！我剛剛才想起自己竟然忘了回覆羅曼發來的簡訊。我們原本約好昨天下午六點上課。他問我，我人是否安好。今天我才終於回覆他，我人在杜塞道夫，一切都好，還問他是否會繼續學德文。提醒一下：現在有戰爭，沒有人知道還會發生什麼事。他回覆道：「會，我會繼續學德文。」一旦戰事平息，他會馬上回來繼續學習德語陰性、陽性、中性的不同詞性變化和令人搞不清的疑問句，他要繼續和複雜的德文文法奮戰。他的目標是要翻譯他為之瘋狂的德國搖滾樂團雷姆斯汀（Rammstein）作品的歌詞。還有呢？對了，羅曼不是住在海港城市敖德薩（Odessa）嗎？那個城市不是每天都在準備迎戰俄軍嗎？羅曼在邊境防衛部隊服務，結婚了，有兩個小孩。我總說羅曼很有信念，而我也確實很佩服他的毅力。說到毅力，現在全世界可都在讚嘆烏克蘭人堅持的毅力了。如果全世界的人都知道羅曼在學德文這件事情上的堅持，又會怎麼說呢？應該都會稱許他的這份熱情吧！光是為了將這件事傳揚出去，我的書就該出版吧！

我父母現在已經到薇卡那裡了。安東詳實地跟我說了他們撤離時的情況，竟然比我想像的還要緊張刺激。幸好當時我一無所知。

薇卡在昨天下午稍晚的時候請安東協助，在母親和父親撤出村子後到比洛霍羅德卡（Bilohorodka）接他們。接到消息後，安東馬上出發，即使知道這樣做會違反晚上八點的宵禁規定。於是，他先回我們在基輔的住處，把暖氣打開後，再繼續開車到比洛霍羅德卡。有些路段完全沒有照明，路上完全淨空，到了約定碰面的地方不斷有掛著白布條的車子開進來。安東等在車子裡面，周圍不斷有爆炸發生。為了不要聽到爆炸聲，安東打開收音機聽廣播。只是這樣做還是不能當作沒有爆炸發生，因為在車子裡面都可以感受到爆炸引起的震動。爆炸的威力大到土地都晃動了。

我父母在晚上九點才到約定碰面的地方。我可以想像，他們當時該有多高興地擁抱了彼此。接著他們就開車到基輔。因為他們不想睡在車上。這段高速公路幾天前還塞過一次車，但這次全程，安東算過，就只有三輛車。抵達後，媽媽和爸爸先去洗浴。因為他們已經好幾天無法換洗衣物，衣服上都傳出濃濃的煤煙味。畢竟過去幾天，他們只能在戶外生火煮食。

我和母親通了電話。她很好，我從她的聲音聽得出來，她並沒有騙我。對安東的英勇表現，我只有無限感激。至於行為表現是否真的英勇，只有親身經歷過戰爭的人才有資格評判。

一切都有了安排。安東的母親現在和安東一起住到斯拉維克家。安東的母親現在也安好。對安東來說，確保他母親的安全非常重要。法蘭也在那裡，而此刻的我只希望牠不會感到害怕，希望牠和斯拉維克的貓處得好、兩隻貓不要為了競捕最大隻的老鼠打起來。

另外，我還從麗莎那裡接到一道好消息。她也在這場和魔鬼的賽跑中跑贏了，現在人在瑞士蘇黎世，很安全，而且離我很近。我應該很快就會去找她了吧！

我的朋友們，無論是烏克蘭人還是德國人，大家都費盡心力協助我盡快重新安頓下來。已經住在德國八年的艾莉歐娜請我去用過晚餐，而明天，我會和傑瑞米亞斯與他同樣也名叫茱莉亞的女友一起早餐。

要我暫時別想這些事很難、非常難。我只能努力試看看。我知道，要為活命而拼搏這件事已經過去了。（好吧！除了繁瑣的德國文書作業。）但是，戰爭的印記已經深深烙在我的心底。戰爭不會因為我人在杜塞道夫就結束了。

我一直想不通的是，竟然只要一個瘋了的獨裁者就能把這樣的災難帶給一個歐洲國家。而這個世界直到二〇二二年二月二十四日都允許他的為所欲為，真是令人遺憾。現在我只要讀到關於俄羅斯人暴行的報導，我就會感到非常憤怒，而且嚇到直發抖。那種無力感一直都在。我要走上街頭抗議，即使像普丁這樣狂妄自大的人對此毫不在意。

為什麼烏克蘭就要那麼倒楣，有個像俄羅斯這樣的惡鄰？史達林、希特勒、普丁⋯為何偏偏是我的國家要一次又一次，不斷淪為瘋子獨裁者的戰場？放過我們吧！永遠放過我們吧！

戰爭剛開始的時候，對那些被我軍殺掉的一般俄羅斯軍人，我還會覺得他們有點可憐。我也會想到，他們的父母該有多難過。但現在的我，對他們完全不會有這些情緒了。

是他們發動了這場戰爭，不是我們！我現在只想看到、聽到我軍的捷報。竟然有人會為他人的死亡歡慶，這不是令人難過的事嗎？當然是。但我別無選擇。是普丁！是普丁逼得我不得不離開我的故鄉、捨棄我在基輔的生活。他的謊言、他的凶狠、他蠻橫霸道的行徑，讓我面對我們的敵人只能鐵石心腸。俄羅斯人以恐怖手段管理平民百姓。每天都有幾十、幾百的烏克蘭人遭到殺害。父母為失去兒女悲痛，孩童沒了媽媽、爸爸，而女人成了寡婦、男人變成鰥夫。俄羅斯軍人明明知道，他們的砲彈、炸彈、手榴彈和子彈會帶來死傷和破壞。但他們還是會攻擊那些用白色大寫字母寫了兒童字樣的建築或汽車。他們殺人，所以我們也只能殺了他們。到時再由主來決定，誰該要下到地獄去。很遺憾，我不會再同情他們了。又或者，其實我內心深處還是會為他們感到難過，只是我感覺不到了，因為我麻木了。

該如何處理戰爭經歷？寫下來似乎對我有幫助。我要學會，不要一直想到戰爭和我的家鄉。這樣做毫無意義，對現況也毫無幫助。我已經體驗過夠多恐懼、咒罵、哭泣和哀傷，我必須擺脫這種無止盡的感傷，我必須向前看。我還太年輕，不能在積聚眼淚的谷底渡過我的一生。我必須重拾對人性、對生命和對我自己的信任。我也心懷深深的感謝。感謝所有支持過我、不讓我陷入瘋狂的所有人。很多人為了讓我活下來，冒著自己的生命危險。在此我也要感謝那些我不知其名、未曾謀面、未來也不會有機會認識的人。對了！我提到過把我帶到邊境附近那輛火車的駕駛了嗎？真是個大好人，我要向您鞠躬致敬。也要感謝您，我現在很安全，所以才能思考以後如何走下去。我可以從事口譯或是德語教學的工作。我會為自己找個住處，並為烏克蘭獻出一己之力。還有，完成我的日記，且看到時會寫出怎樣的成果吧！

我依舊懷抱希望，期盼早日歸返家鄉的那一天。我發現，我並未把我的心遺留在烏克蘭。因為我的心每時每刻，都與烏克蘭同在！

後記

入侵第九十七天

在這場戰爭中，我看過那麼多哭泣的人。這是我過去未曾見過的。幾百萬烏克蘭人灑下淚水：為死傷者、為那些在俄軍的屠戮行動中以及遭到強暴的受害者哀慟；也為被迫出逃的人、為遭到轟炸的城市和村落，以及被炸成碎片的醫療院所、被毀掉的學校、遭到踐踏的廠房、被摧毀的文化古蹟、遭到破壞的博物館和被炸毀的教堂致哀。失去丈夫的女人在哭泣，把死去的孩子抱在懷裡的父母在哭泣、失去父親、母親或父母雙亡的孩子也在哭泣。我們哀悼，因為在世界見識到普丁是個嗜血的屠夫之前，這個國家就先承受了所有的苦難。

也有喜極而泣的淚水，比如在傳來像是「我們活著」、「我活著」這類堪可安慰的消息時。婦女落下幸福的眼淚，當她們在醫院的地下室生下健康的新生兒時。落下眼淚的還有，失散的家人在歷經幾天或幾個星期的驚恐之後，將彼此擁入懷中，享受失而復得的喜悅。城市裡或村鎮裡的人們淚濕了眼眶，當我們烏克蘭將士趕走俄軍，重新回到自己的住處或房子裡時。這種團結一致與世界各地的熱心相助，著實讓人感動落淚。

我想，如果有人把烏克蘭人從二〇二二年二月二十四日起流的眼淚收集起來，這些淚水應該足以掀起吞噬俄羅斯的驚濤巨浪。這才算公平！

我也流了很多淚。與父母道別，應該是我在這場戰爭中體會到最心痛的一件事。倘若他們真的遇到什麼事，我真的會為讓他們獨留家鄉而永遠無法原諒我自己。感謝主，媽媽和爸爸安然無恙。擁抱他們、和他們同桌共餐、一起喝羅宋湯、一起玩紙牌的心願每天常伴我左右。只是，我的眼淚流盡了，最近不再哭泣。

戰爭給我上了很多課，我學會謙卑、學會珍惜生命中的平凡事物。我現在才知道，所有的一切消逝的速度可以有多快。真的是，所有的一切。

巧合，是戰爭中非常態的一部分，也就是，得要在正確的時間出現在正確的地點，在錯誤的時間出現在錯誤的地點的人，就要承擔被射殺的風險。麗莎有個女性友人的父親，一個平民老百姓，在塞澤羅頓涅茨克自宅內被一個俄軍狙擊手槍殺了。只是沒有人能說出或知道，到底什麼是正確或錯誤的時間或地點。戰爭也像一場樂透彩博弈，可能有某一家人因為自家屋舍被炸毀而失去一切，但住在百來公尺外的另一家人，雖然飽受驚嚇卻全身而退。博丹已經離開基輔了。他離開的隔天，他住的公寓社區斜對面的一棟大樓就被砲彈打中了。只要運氣不好，這樣的不幸隨時都可能發生。

這就是戰爭。一樁樁、一件件充滿對比意象的事例都很殘酷，而且往往給人超現實的感受。由於對正常生活的渴望，那些在沒有受到戰火波及城市中的人很快就走出地下室和防空洞。博丹從切爾卡希發來一則訊息，裡面提到戰爭期間的平靜時光，深深感動了我。他在四月時發給我的訊息中這樣寫道：

「春天來了。第一批綻放的花朵和蜜蜂出現了。大自然從冬眠中甦醒過來。各個公園和花園裡面都擠滿了人。一般說來，平日裡大家都在工作，但如今日常作息和節奏有所改變了。不久前，我騎腳踏車經過一個一年一度的市集盛會。那時，我有種感覺，覺得這座城市裡的本地人和外地人（那些往西移動的人）全都聚集到這個市集上來了。會場上什麼都不缺。旋轉木馬、棉花糖、冰淇淋、孩童的歡笑聲。甚至還有一座幾公里外就可以看到的摩天輪。耳邊還傳來像是法蘭克・辛納屈（Frank Sinatra）這類五〇、六〇年代的美國音樂。現場氣氛非常輕鬆、歡樂。突然警報聲響起，接著也聽到戰鬥機的聲音。現場的人群並沒有陷入恐慌，而是所有的動靜馬上靜止下來。顯然，我們已經適應、已經習慣了。在切爾卡希，每天都可以聽到五至十次空襲警報。那些戰鬥機正帶著砲彈飛往位在其他城市的攻擊目標。雖如此，還是建議大家前往安全的避難所，並在那裡等待，直到警報解除才出來。每次發生這種情況過後，大家都很開心。想想遭到轟炸的馬里烏波爾，街上還有幾千具來不及埋葬的屍體。而平靜的切爾卡希，還能試著求生存、嘗試在田裡播種、努力幫助那些流離失所而一無所有的人。真是有天壤之別啊！」

安東的表哥沙夏和他的家人乾脆在廚房布置了一個燒木頭的爐子，在為生活的空間多少提供一些暖氣之餘，還能煮食。在俄軍佔領沃澤爾期間，六口人就住在只有十五平方公尺面積又煙霧瀰漫的空間裡，他們必須經常外出尋找燒火的木柴。安東告訴我：「我不知道，他那兩個孩子是怎麼活下來的。」

諸如此類的故事，現在每個烏克蘭人都講得出來。而這些他們講出來的故事，每每聽來總像是在另一個時代或另一個世界發生的事。

這些恐怖情節不會停下來：俄羅斯軍人殺害平民，他們踐踏、綁走烏克蘭人，他們逕行強暴和強盜的惡行。待到這場戰爭結束的時候，每個烏克蘭人都要為失去的親人、朋友、鄰居、同事、認識的人而哀慟。這些傷口永遠難以癒合！

我有幸是至今尚未失去家人或好朋友的烏克蘭人。我每天都向上主祈禱，求祂保守這種狀態。相較於在沃澤爾市區和周邊的許多房舍，我家在米海利夫卡－魯別席夫卡村的房子尚且完好。許多我自小認識的鄰居家裡都被打劫了，房子也遭到破壞或被燒掉了。俄軍在烏克蘭境內到處劫掠和偷盜：微波爐、吹風機、液晶電視、電話機、電腦、筆記型電腦、平板電腦、洗衣機、地毯、洗碗機、首飾，甚至是衣服、鞋子和兒童的玩具！

俄羅斯軍人不僅沒有洗衣機、吹風機和衣物，也沒有能讓他們啟用的腦子。不然，他們就應該知道，他們之所以到烏克蘭來，是為了將「兄弟邦民」從「新納粹黨徒和和吸毒者」手中「解放」出來，而不是來搶劫電視機和微波爐的。如果實情不是那麼悲傷，我大概會為這麼荒唐的事大笑出來。俄羅斯人入侵一個國家、到處殺人和破壞，竟然只是為了搶電腦和鞋子！如果我們早知道普丁治下的軍人要的是液晶電視和平板電腦，我們大可寄過去給他們！這樣他們就可以不必勞師動眾來和我們打這場戰爭了。

再怎樣，人都不該丟失自我解嘲的能力。心情好不好在生存戰中可是很重要的。這次我們烏克蘭人共同經受的苦難，反而將我們緊緊維繫在一起。普丁要分化我們國家的計畫已然失敗。在烏克蘭東部那些會講俄語的烏克蘭人之中，確實有些人渴望俄羅斯帝國的到來。那些人相信克里姆林宮操作的政治宣傳，相信普丁會為我們帶來更多財富和更優渥的退休條件。如今，他們也知道：俄羅斯帶來的是建築瓦礫和灰燼，還有死亡和絕望。

這些傷痛讓我們團結在一起，還有，澤倫斯基總統。對於這個人，我們在大選前可是爭論得不可開交。當時的爭議就和後來討論是否該接種新冠疫苗一樣熱烈。可惜，有時也出現同樣怪誕而愚蠢的言論。當時對澤倫斯基出現極為兩極化的看法，有人認為他是喜劇演員或表演工作者，而包含我在內的另一些人則認為他是承載希望的人，以及可以解決貪腐問題、強化民主體制和帶領我們維持在歐洲路線上的改革者。

那些和我一樣，把票投給澤倫斯基的人，都是從一開始就相信他絕不會接受賄賂，相信他會為人民服務。我們知道，他不會為了幾百萬美元就把我們賣給俄羅斯人。而這位總統也每天以新的方式，證明我們對他的信任。我們會永遠感謝他。這也是因為他能在這場戰爭開打前就把烏克蘭帶上正軌。那段時期，烏克蘭的經濟蓬勃發展，一度成為資訊科技產業的重要據地，為年輕人開創了意想不到的視野。基輔是個生機勃勃的繁華都會，是我目前為止的人生中住過最棒的城市。

我非常希望，我們可以盡快回到這條發展路線上，重建我們的國家。我會義無反顧地出力。戰爭一結束，我就會懷著對德國深深的感謝，感謝這個國家這段期間的收容，我會離開德國，回到基輔去。我確信，大多數像我一樣流亡國外的烏克蘭女性，也會回到自己的家鄉，或回到自己的丈夫和孩子身邊。

我很擔心西方國家出現「厭戰」的情緒。過去世界各國默許普丁發動這場戰爭，如今，這些國家至少不應縱容他的作為。我懇求諸位繼續支持我的國國家，包含武力上的支援。那些嘴上說什麼要我們放手把克里米亞半島讓給俄羅斯，要我們答應俄羅斯任何要求的人。說什麼，這樣就會和平，人家就會放過我們，而我們也不會再看到死傷的人和被炸毀的城市的照片。說這些話的人，到現在都還沒有理解，在普丁攻下整個烏克蘭前，他是絕不會停止侵略的事實。接下來就該輪到波羅的海周邊的幾個國家了……

每個國家都有各自好的與不好的面向。可惡的是，都進入二十一世紀了，竟然還有國家會做出種族清洗的犯行！是的！我指的就是俄羅斯這整個國家。畢竟，這場戰爭並不只是普丁一人的邪惡之作。而是他們國內有多數民眾支持著他，他的軍隊也盲目地遵從他的指令。我們烏克蘭人絕不低頭，也不會把我們的領土拱手讓給俄羅斯。我們勇敢、以作為烏克蘭人為豪，而且愛好自由。我們會從斷垣殘壁中重新站起來，重建我們的國家，而且把她打造得比以前更美好。烏克蘭屬於歐洲。我們絕不想變成「新俄羅斯」的一部分。至少對我而言：我不想住在俄羅斯，只想住在烏克蘭！

附錄：娜迪雅撤出沃澤爾的記錄

二〇二二年二月二十四日。清晨六點，我收到教育部發來的通知：「今日學校停課。請各位家長轉知府上學童。」什麼？為什麼呀！我打開電視機，才知道：俄羅斯進攻烏克蘭了。

我很直覺地想到，要把家裡的車子加滿油。為了這個念頭，我後來竟然在加油站前排了五個小時的隊才加到油。

最初幾天，我和家人都盼望著這場戰爭盡早結束。開打後第三天，沒電了。那之後，要維持樂觀的心態就越來越難了。關鍵點在開打後的第八天。我們正坐在餐桌前用晚餐時，聽到街上傳來的聲響。我們走到窗邊，看到了令我們難以置信的畫面：坦克車！一整排敵對俄軍的坦克車就在我們街上行進！一個軍人從其中一輛坦克車中探頭張望，他擺動頭掃視各個方向。這個軍人的頭轉向的方位，坦克車的砲塔和砲管也隨之轉動。我們趴在地板上，匍匐前進到通往地下室的樓梯。坦克車只要射出一砲，這棟房子連同在屋內的我們都要被炸飛了。而我們更害怕的是，俄軍隨時都可能闖進我們的房子裡。我們都很害怕。那三十分鐘的恐怖程度令人難以想像，我想，我永遠都忘不了。我們聽到附近有引擎聲和砲火的聲音。一段時間後，感覺坦克車好像熄火，停在這條路的盡頭，接著開始向伊爾平的方向開火。在無比漫長的幾分鐘後，才平靜下來。這時我們才終於敢走到馬路上，然後就看到被壓壞的柏油路面和坦克車鏈帶的痕跡，還看到糖果包裝紙和一個上面刻有俄文「紅星」字樣的彈殼。這時，我們的鄰居也走到馬路上來。我們大家都想著，那些坦克車應該都是走錯路了。實情卻並非如此，原來那是俄軍佔領沃澤爾（Worsel）的開始。

戰爭進入第二周時，我們和另外十三個人一起待在我父母家，裡面有一個小孩。這時已經沒有瓦斯可用。發電機的燃油快用完了，食物的儲備快不夠了，但當地的商店不是被破壞就是被清空了。我們只能在院子裡就地生火煮食，然後盡量平分食物。有一次，姪子問我，他能否再多吃點，我卻必須跟他說「不行，不然不夠給大家吃」時，我感到非常心疼。那一陣子，想吃麵包都只能在夢裡才吃得到。我們只能用水、麵粉和食用油做出簡單的麵餅皮。當時我滿腦子只想著兩個問題：怎麼找到食物？還有，如何離開這裡？我們問了當地人，請他們是否能賣些食物東西給我們。就這樣，我們從一些人那裡取得牛奶，也有些人給了我們雞蛋。我如此訝異，有些人在如此艱困的情況下還能這麼好心和無私。賣給我牛奶的女人只跟我收取半價，即使我完全願意全額支付給她。但我也遇過有人，平時大約賣烏克蘭幣十三荷林夫納的麵包，卻索要一百五十荷林夫納。

離我父母家遠一點的地方有家小店。有一次，我們好不容易在那裡弄到一整個大購物袋的食物。當時那一整袋物品重到必須由我先生的妹妹和我聯手扛回家。就在離家大約還有三百公尺的地方，我們聽到身後傳來驚恐的吼叫聲。有人喊著：「快跑！坦克車隊來啦！」我們一聽，頭也不回地跑了起來，卻都不願放下我們扛著的袋子。後來，那一長排坦克車通過我們街上的時間至少持續了二十分鐘以上。

我們已經習慣在黑暗中生活，要說話也只能在耳邊低語。隨時都有什麼車在巡查我們村子。我們用床罩、被單蓋住幾扇玻璃門，窗戶全部掛上窗簾。我們也不敢打開手電筒。外面不斷傳來爆炸聲，我們也不時聽到槍聲或看到起火、冒著煙的建築物。有一次我感到震動醒來，發現房子倒向一邊，接著又一聲巨響才恢復原狀。那種感覺就像人在大海上的氣墊床上一樣。

我們那時已經無法確定，是否還能見到明天早晨的陽光，所以上床睡覺前相互道別。我們跟彼此交代了些最重要的話，因為那可能是我們人生中最後的遺言。

情況越來越糟。有個女性朋友，她的三歲女兒在自家車上被槍射到，在槍林彈雨中死去。有個熟人騎腳踏車出門為孩子買紙尿布，途中被俄軍的狙擊手殺了。我的腦袋裝不下這所有的一切。這幾位都是我熟識的人，而且事件就發生在我的家鄉。

現在完全沒電，也沒有瓦斯了，更沒有手機訊號或網路連線。我越來越想逃出去，即使做這件事會像買樂透彩一樣勝率難卜。但是比在逃命的過程中死去，我更怕的是發生俄軍對布查的人做過的那些事重演。我怕自己的丈夫會在我眼前被射殺，也怕自己被強暴。最後讓我們決定不逃出去的原因，是對和我們住一起的十一歲姪子的責任感。所以我們留了下來，沒電、沒水、沒瓦斯、電話線路中斷，而且幾乎沒有東西可吃。我無精打采地躺在床上，盯著我一個禮拜前收拾好的背包發呆。如果在爆炸過後建築物晃動、窗子叮噹作響，我也不再躲進地下室了。

接著，到了三月九日，那天是星期三，我記得很清楚。那天我們啟動發電機幾分鐘，好讓我們再看一下新聞，這才得知預計在沃澤爾進行撤離行動的消息。我們不做多想。我在一張紙上寫了「兒童」，另一張紙上寫下「人」，再將兩張紙都貼在車窗上。然後把行李箱裝進後車廂，再以接近步行的緩慢速度開車去加入離我們約莫兩公里遠的車隊。途中有人警告我們，有敵軍坦克車阻斷去路。但我們做到了！車隊的規模有幾百輛車，但是大家都耐心等候帶領車隊的紅十字會車輛接到集中避難所裡的孩子，再一起出發。過程中我很害怕，怕他們不讓我們離開，怕他們又把我們送回去。

依當下的情況，車上的汽油要至少能跑上一百公里才夠用。而且，前面幾個星期已經都不可能加油了，一些汽油也都給發電機用了。我很慶幸，之前為了加油排了五個小時的隊伍。

通過管制站時，我們低著頭往下看。我們都知道，只要稍有疑慮，就可能被開槍。我們只能從眼角餘光看到提著機關槍的俄羅斯軍人。由於車隊很長，途中還有許多管制和檢查站點，整趟路開了好久的車。最後終於到達我們烏克蘭的管制站，看到我們的將士。在他們檢查我們的文件時，我對他們說：請務必保重！

菓 子
Götz Books

・Suchen
我在戰火中醒來：出走烏克蘭的逃亡日記
Als ich im Krieg erwachte

作　　者　茱莉亞・索爾斯卡（Julia Solska）
　　　　　托馬斯・施莫勒（Thomas Schmoll）
譯　　者　黃慧珍
主　　編　邱靖絨
排　　版　菩薩蠻電腦科技有限公司
封面設計　木木 lin

出　　版　菓子文化 / 遠足文化事業股份有限公司
發　　行　遠足文化事業股份有限公司（讀書共和國出版集團）
地　　址　231 新北市新店區民權路 108 之 2 號 9 樓
電　　話　02-22181417
傳　　真　02-22181009
E-mail　service@bookrep.com.tw
郵撥帳號　19504465 遠足文化事業股份有限公司
客服專線　0800221029

印　　刷　東豪印刷股份有限公司
定　　價　400 元
初　　版　2023 年 7 月
法律顧問　華陽國際專利商標事務所　蘇文生律師

國家圖書館出版品預行編目 (CIP) 資料

我在戰火中醒來 : 出走烏克蘭的逃亡日記 = Als ich im Krieg erwachte/ 茱莉亞 . 索爾斯卡 (Julia Solska) 著 ; 黃慧珍譯 . -- 初版 . -- 新北市 : 遠足文化事業股份有限公司菓子文化出版 : 遠足文化事業股份有限公司發行 , 2023.07

面； 公分

譯自 : Als ich im Krieg erwachte : Tagebuch einer Flucht aus der Ukraine

ISBN 978-626-97257-3-1(平裝)

1.CST: 戰爭 2.CST: 報導文學

542.2 112009399